Die erfolgreiche Integration nach Firmenübernahmen

Wie Fehler vermieden werden können

von

Marc Büttgenbach

Tectum Verlag
Marburg 2000

Die Deutsche Bibliothek - CIP-Einheitsaufnahme

Büttgenbach, Marc:
Die erfolgreiche Integration nach Firmenübernahmen.
Wie Fehler vermieden werden können.
/ von Marc Büttgenbach
- Marburg : Tectum Verlag, 2000
ISBN 978-3-8288-8100-6

© Tectum Verlag

Tectum Verlag
Marburg 2000

Inhaltsverzeichnis

Danksagung

Bewußt ganz an den Anfang gestellt wird diese Danksagung, denn ohne die Mithilfe der nachfolgend genannten Personen wäre die vorliegende Arbeit nicht realisierbar gewesen. Ich stieß auf soviel Mithilfe, die ich nicht als selbstverständlich erachten und daher in besonderem Maße berücksichtigen möchte.

Zu erst gilt mein Dank Herrn Professor Doktor Johannes Laser, der mich auf dem Weg begleitete und mir die Arbeitsweise zugestand, die ich mir gewünscht hatte und mich nur dort beeinflußte, wo es nötig und konstruktiv war – zudem erhielt er während der Ausarbeitungszeit dieser Arbeit seinen Universitätsruf nach Zittau/Görlitz, wozu er recht herzlich beglückwünscht sei, was ihn aber bedankenswerterweise nicht von der Betreuung dieser Arbeit abhielt auch wenn dies einen Zusatzaufwand bedeutete.

Einen ganz herzlichen Dank richte ich auch an meine Interviewpartner, die sich teilweise zu meiner allergrößten Überraschung zu einem Gesprächstermin bereitfanden, so Herr Professor Doktor Edgar Fluri der PricewaterhouseCoopers, wo er der Europachef des Geschäftsfeldes Service Lines im Bereich Assurance und Business Advisory (ABAS) ist und zudem noch das Amt des Verwaltungsratspräsidenten für das Land Schweiz innehat, und dennoch neben seiner intensiven Tätigkeit Zeit für mich fand und mich außerordentlich konstruktiv unterstützte, den Fragen offen gegenüberstand und ausführlich antwortete; Herrn Werner Seufert, der trotz seiner arbeitsreichen Tätigkeit im Vorstand der AGFA Gevaert in Belgien die Zeit erübrigte, mir einen Einblick in seine Integrationspraxis zu geben und dabei sehr offen sprach; Herrn Ivan Garcia der Deutschen Krankenversicherung (DKV), der meinen Fragen sehr geduldig gegenübertrat, sich sehr zeitintensiv meiner Arbeit widmete und damit diese ebenfalls sehr entscheidend unterstützte.

Weiterhin möchte ich der Familie Kreienbühl in Basel danken, die ich bereits langjährig kenne und die sich wie selbstverständlich dazu bereit erklärte, mich während des Aufenthaltes in Basel in ihrem Haus aufzunehmen, was sehr kurzfristig ermöglicht wurde und daher ganz besonderer Erwähnung gebührt.

Darüber hinaus danke ich den vielen Freunden, die mir neben ihren Räumlichkeiten ihren Computer zur Unterstützung überließen, den geduldigen Mitarbeitern der zahllosen Bibliotheken, die mich bei meiner Suche nach relevantem Stoff unterstützten sowie meiner Mutter, die mir nach Kräften den Rücken freihielt und mir damit wertvolle Zeit verschaffte, diese Arbeit in der Kürze der gegebenen Zeit von drei Monaten zu vollenden und auch mit Zuspruch und Geduld nicht geizte.

Ich hoffe, niemanden mit tragender Rolle vergessen zu haben, im dennoch erfolgten Fall möge man mir dies verzeihen.

Der Leserschaft dieses Buches wünsche ich *den* Spaß an den nachfolgenden Ausführungen, den auch ich daran gehabt habe und hoffe sehr, im ein oder anderen Fall die Praxis und damit den Akquisitionserfolg erfolgreich beeinflussen zu können.

Der Autor im Dezember 1999

Vorwort

Die heutige Unternehmenspraxis unterliegt in entscheidenem Maße einer Globalisierung, diese Entwicklung ist keinesfalls abgedroschen oder veraltet, sie treibt im Gegenteil beinahe jeden Tag neue Blüten – man denke nur an jene japanische Firma, die beginnend in Japan den ganzen Tag an einem Projekt forscht, die Ergebnissen dann am Abend nach Europa schickt, wo es gerade Tag wird. Dort forscht man an den neuen Ergebnissen weiter und sendet seinerseits die eigenen Resultate nach Amerika, wo es gerade hell wird, wenn man in Europa den Tag beschließt. In Amerika steht dann ein weiterer Tag zu Verfügung bevor sich der Kreislauf in Japan schließt und aus einem Arbeitstag insgesamt drei gemacht wurden.

Globalisierung heißt aber auch Aktivwerden in anderen Regionen und Kulturen, fremd den eigenen bisher bekannten. Ein herkömmliches Wachsen durch Vordringen in einen Markt mit der eigenen Organisation, erscheint heute als kaum noch zweckmäßig, da es lange dauert, sehr kostenintensiv ist und der Erfolg dabei keineswegs garantiert ist, da man z.B. im kulturellen Bereich so viele Fehler machen kann, die eine Akzeptanz sehr schwer möglich werden lassen. Zielführender erscheint da die Zusammenarbeit mit ansässigen Firmen, die den Markt, die Kultur und den Habitus kennen. Dies vorweisend verlangt man vom Partner Gegenleistungen, die man in Form von Marken, Know-how, Finanzmitteln und dergleichen mehr bereitstellen kann. Als Markteintrittstratgie eignet sich aber auch die Akquisition und die Fusion, die gleichermaßen dazu dienen, den Marktanteil auszubauen, den Markt besser zu penetrieren und die Marktmacht zu erhöhen, was zumeist der Verschaffung einer besseren Heimatmarktsituation zur Folge hat.

Die Akquisitions- und Fusionsbestrebungen nehmen unbestreitbar zu, man sieht sich einer regelrechten Welle dieser Aktivitäten gegenüber und „Das Fusionsfieber wird noch lange kein Ende finden"[1] wie der *Blick durch die Wirtschaft* titelte. Der Artikel sagt aus, daß allein in den USA durch die jüngste Fusions- und Akquisitionswelle mehr als ein Fünftel des Bruttosozialproduktes erfaßt wird. Riesenhafte Zusammenschlüsse sind zu beobachten, die vormals größte Fusion aller Zeiten, Citicorp und Travelers Group (83 Milliarden Dollar oder knapp 150 Milliarden DM), wurde schon bald darauf von der Fusion Daimler-Benz und Chrysler mit 166 Milliarden DM[2] übertroffen und schon hält sich das Gerücht, daß es eine Fusion zwischen dem Allianz Konzern und der Dresdner Bank geben könnte, die zusammen knapp 1,4 Billionen Mark verwalteten[3].

Aus solchen Megaprojekten erhofft man sich Verbundvorteile und Größendegressionseffekte, nur muß man fragen, ob der Integrationsaufwand und an-

---

[1] Vgl. Blick durch die Wirtschaft vom 31.07.1998.

[2] Vgl. Daimler-Benz Presse-Release vom 07. Mai 1998

[3] Vgl. Wirtschaftswoche vom 24. September 1998, S. 70 unter Angabe der Quelle: Intersec, Euromoney.

schließende Verwaltungsaufwand nicht zu groß wird und in Disconomies of Scale umschlägt, die das Konglomerat als nicht mehr führbar erscheinen lassen, weil die kritische Größe überschritten wurde.

Akquisition und Fusion bedeuten dabei gleichsam einen Quantensprung, denn ohne intensive Forschung und Entwicklung, ohne geduldigen und teuren Markteintritt und ohne großem Zeitaufwand wird der beinahe sofortige Erfolg möglich, der durch Synergien darüber hinaus noch Effieziensssprünge ermöglicht. Doch dieser Weg ist allzuhäufig nicht von Erfolg gekrönt, Planziele werden nicht erreicht, die Akzeptanz bleibt aus und es kann letztendlich sogar zu Firmenwertvernichtung kommen, weil Aktionäre und Kapitalgeber das Vertrauen entziehen und eine Desinvestition vorgenommen werden muß.

Dieses Problem ist keineswegs eine Randerscheinung, denn „Most studies come to the conclusion that less than 50% of mergers ever reach anywhere near the economic or strategic destination that was envisioned for them."[4] Die Zeitung absatzwirtschaft gibt an, daß 65% der Akquisitionen nicht erfolgreich sind.[5]

So muß man sich fragen, wie man diesen Folgen entgehen kann, was die erfolgversprechenden Faktoren sind, die eine Akquisition oder Fusion gelingen lassen.

Vorherige umfangreiche Auseinandersetzung mag schon hilfreich sein, es gibt z.B. mehr als nur die Vollakquisition und -fusion, die „stets eine Operation am offenen Herzen"[6] bedeutet.

Einer dieser Faktoren scheint der Umgang mit den Mitarbeitern und die Kommunikation zu sein, Hinweise aus der Literatur und der Praxis deuten darauf hin, und es soll Aufgabe und Ziel dieser Arbeit sein, den Einfluß der Mitarbeiter und den Umgang mit denselben auf ein Akquisitionsprojekt zu zeigen. Dieser Einfluß, den der Autor versucht, aus der Literatur und aufgrund von Praxis-Interviews zu zeigen, soll am Ende der Arbeit in einem idealtypischen Verlauf eines Akquisitionsprozesses verarbeitet werden und mögliche Fehlerquellen aufzeigen sowie hilfreiche Unterstützung bieten.

Der Autor hofft, diese hohe Zielsetzung innerhalb der dreimonatigen Diplomarbeitsfrist zu erreichen und mit einem angemessenen Ergebnis aufwarten zu können.

Für Anregungen und Verbesserungen, die dem Leser nach der Beschäftigung mit der Arbeit als sinnvoll erscheinen, ist der Autor jederzeit dankbar und hofft auf entsprechende Rückantwort.

---

[4] Vgl. Rau, J., Harvard Business Review, 1998, S. 31

[5] Vgl. absatzwirtschft, 1998, S. 58 - 60

[6] Vgl. Theodor Weimer, Parner der Unternehmensberatung Bain & Company in München, die mehr als 40 Zusammenschlüsse untersucht hat. (Wirtschaftswoche vom 24.09.1998, S. 68).

Abbildungsverzeichnis

I. Grundlagen und Definitionen

Eingliederung des Integrationsmanagements in einen systematischen Kontext

Der nun folgende, grundlegende Teil, soll dem Leser nicht nur einen Einblick in die Begrifflichkeiten der vorliegenden Arbeit gewähren, sondern ist darüber hinaus dazu bestimmt, die Möglichkeiten des Unternehmenswachstums zu beschreiben und innerhalb dieses Umfeldes eine sinnvolle Eingliederung des Integrationsmanagements, das den Kern der Arbeit darstellt, vorzunehmen.

Mit Hilfe einer Grobgliederung läßt sich zunächst feststellen, daß das Unternehmenswachstum in zwei verschiedene Arten zerfällt, dem:

- Internen Wachstum
- Externen Wachstum.

Beim Wachstum in diesem Zusammenhang geht es darum, daß sich das Unternehmen mit dem Beschaffen neuer Ressourcen den Zugang zur Erreichung der angestrebten Entwicklungsziele verschafft[7], die z.B. darin bestehen können, neue Märkte zu erschließen, Umsatz zu steigern, die Marktposition zu verbessern und der gleichen mehr.

Das Wachstum interner Art bedeutet, daß ein Unternehmen nur auf eigene, eventuell auch auszuweitende, Ressourcen zugreift, während ein externes Wachstum den Zugriff auf unternehmensfremde Mittel bedeutet. Diese Art stellt in dieser Arbeit die eigentliche Relevanz dar, denn hier wird mit anderen Firmen zusammengearbeitet. Die Kooperation kann dabei verschiedene Ausprägungen annehmen und reicht von der lockeren Zusammenarbeit bis hin zur Fusion, also von der Beibehaltung sowohl der wirtschaftlichen wie rechtlichen Selbständigkeit bis hin zur Abgabe beider Selbständigkeiten an eine neue, zusammengeschmolzene Unternehmung.

Folgende Grafik visualisiert die Wachstumsarten und listet die jeweiligen Möglichkeiten auf, die im Anschluß jeweils Gegenstand einer kurzen Erläuterung sind:

---

[7] Vgl. Hoffmann und Friedlinger, 1998, S. 21 ff

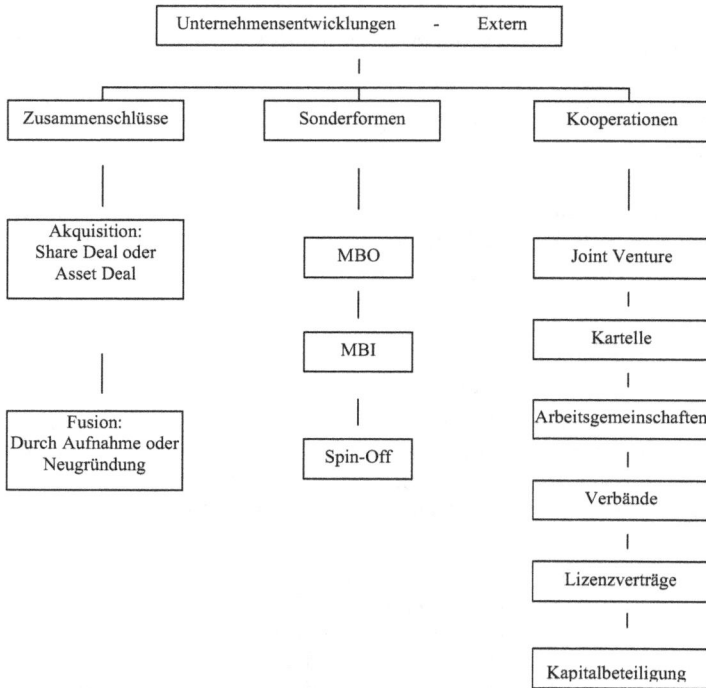

Abb. 1: Unternehmenswachstum / Arten und Formen[8]

1. Unternehmenskooperation

Es gibt diverse Formen der Unternehmenskooperation, von denen einige weniger wichtig und bedeutungsvoll für diese Arbeit sind. Dazu zählen die gegenseitige Kapitalbeteiligung, um eine relativ lockere vertragliche Bindung zu implementieren, die Lizenz- und Managementverträge, in denen einer Firma gestattet wird Rechte und Verfahrensweisen einer anderen zu benutzen, was gegen ein vereinbartes Entgelt geschieht (z. B sind einige Unternehmen aufgrund ihrer Distributionsorganisation nicht in der Lage, bestimmte Märkte zu bedienen und vergeben an besser situierte Firmen die Vermarktungslizenz damit ein Marktzugang erreicht wird), Interessenverbände und Wirtschaftsverbände, die dazu geeignet sind, Interessen gemeinsam zu artikulieren und gemeinsame Standards zu

---

[8] Eigene Darstellung des Autors in Anlehnung an Gerpott, T., 1993, S. 39, Vaara, E., 1992, S .21 und Grösche, A., 1991, S. 129 (Asset Deal bei der Akquisition versteht sich als der Erwerb von Vermögensgesamtheiten wohingegen der Share Deal als der Erwerb von Mehrheiten zu charakterisieren ist.)

schaffen, sowie die Arbeitsgemeinschaften und Konsortien, die sich oftmals in Projektorganisationen zusammenfinden, um Probleme oder Großprojekte kooperativ zu finanzieren und zu lösen.

Interessanter im Bereich der Unternehmenskooperation ist das Joint Venture.

1.1. Joint Venture

Das Joint Venture ist die Kooperation zweier oder mehrerer Firmen auf dem Gebiet der Lizenzvergabe, Gemeinschaftsunternehmung (Betreiben einer gemeinsamen Firma) oder der Vertragsfertigung. Den Regelfall bildet die Schaffung einer vertraglichen Zusammenarbeit zweier Firmen, von denen eine in einem räumlich anderen Markt tätig ist und mit einem Partner, der in einem Zielmarkt bereits etabliert ist und Marktkenntnis besitzt (Kultur, Distribution, etc.) versucht, in den neuen Markt vorzudringen. Zumeist ist die Kapitalverteilung paritätisch, d.h. jede Partei besitzt den gleichen Anteil. Reges Betreiben dieser Art findet man derzeit in China, wo die Kultur dergestalt ausgelegt ist, daß die Markterschließung ohne einheimischen Partner praktisch nicht realisierbar ist. Die gegen fremde Kulturen stark restriktiv eingestellte chinesische Politik läßt ein Joint Venture nur in sehr engem Umfeld zu und bedient sich letztendlich mit der Gestattung dieser Kooperation eines Instrumentes, um möglichst schnell an ausländisches Know-how zu gelangen, das der inländischen Wirtschaft einen starken Entwicklungsschub verleihen soll.

Ebenso arbeiten Unternehmen aber zusammen, um in einem Markt, der bereits von beiden bedient wird, konkurrenzfähig zu bleiben oder die Konkurrenz aus dem Markt zu drängen.

In beiden Fällen geht es darum, Firmenteile auszugliedern, von Overhead-Kosten zu befreien und so kostengünstiger am Markt operieren zu können sowie Know-how zusammenzulegen, so daß die Forschung beider Firmen nicht am selben Projekt arbeiten und die Ressourcen dabei zweifach aufwenden. Durch Zusammenlegung der Kundenstämme wird zudem der Marktzugang und die Distribution entscheidend verbessert.

1.2. Kartelle

In meist oligopolistischen Märkten kann es, zur Beruhigung des Wettbewerbes, dazu kommen, daß sich die Angebotsseite[9] darauf einigt, bestimmte Bedingungen in diesem Markt gelten zu lassen. Die Bedingungen werden vereinbart, im folgenden halten sich die Parteien daran, die Macht der Nachfrager marginalisiert sich, die Bedingungen eines vollkommenen Marktes bestehen nicht mehr.

---

[9] Es ist natürlich ebenfalls denkbar, daß sich umgekehrtermaßen die Nachfrageseite solidarisiert, was aber in der Praxis seltener vorkommt und meist in einem Monopson (Nachfragemonopol) anzutreffen ist.

Es bestehen sowohl vom Gesetzgeber legalisierte Formen wie auch illegale Formen, die im Kartellgesetz[10] ihren Niederschlag finden. Es soll sich gegen privatrechtliche Störungen des Wettbewerbes auswirken. Kartellformen stellen sich, kurz charakterisiert, folgendermaßen dar[11]:

Frühstückskartell:

Mündliche Vereinbarungen zwischen zwei oder mehr Kartellpartnern, die kartellrechtlich verboten sind (§ 1 GWB) aber natürlich einer sehr schweren Nachweisbarkeit unterliegen, da sie schriftlich nicht fixiert nur aufgrund offensichtlicher Handlungen beweisbar sind.

Gentlement´s Agreement:

Eine Vereinbarung auf Treu und Glauben, was allgemein ein anständiges Verhalten gegenüber einer Vereinbarung bedeutet, das damit implizit vorhandene Vertrauen läßt ebenfalls die schriftliche Fixierung überflüssig erscheinen. Kartellrechtlich bedeutet dies, daß Absprachen außerrechtliche Normen schaffen, die nach § 1 GWB unzulässig sind.

Abgestimmte Verhaltensweisen:

Abgestimmte Verhaltensweisen sind kartellrechtlich verboten, wenn es im Sinne des § 25 I eine vertragliche Verpflichtung gibt, den Absprachen nachzukommen und damit den Markt zu beschränken.

Preiskartell:

Unternehmen desselben Produktionszweiges verständigen sich über gleiche Zahlungs- und Lieferbedingungen und vereinbaren Mindestpreise. Preise und Bedingungen unterliegen somit nicht mehr dem freien Wettbewerb und sind fixiert. Die Angebotsabgabe erfolgt immer im gleichen Rahmen. Kartellrechtlich ist das Preiskartell durch § 1 nicht legal, Mindestpreise werden nur, wenn überhaupt, durch den Staat festgelegt, um soziale Belange zu verfolgen.

Quotenkartell:

Eine zentrale Stelle sammelt alle Bestellungen und verteilt diese nach einem Schlüssel (Quoten) an die Teilnehmenden des Quotenkartells (Auftragsverteilung) oder in einem durch die Anbieter bestimmten Markt werden aufgrund der Marktlage und der Kapazitäten die zu verkaufenden Mengen auf die Mitglieder kontingentiert.

Syndikat:

Ebenfalls nach § 1 GWB unzulässig, da sich die Mitglieder verpflichten, gemeinsam bzgl. Einkauf und Vertrieb zu organisieren und nicht selbständig und in Konkurrenz zueinander am Markt zu arbeiten.

---

[10] Vgl. Gesetz gegen Wettbewerbsbeschränkungen (GWB) vom 27.07.1957 mit späteren Änderungen.

[11] Vgl. Gabler Wirtschaftslexikon, 1988, unter dem jeweiligen Stichwort.

Normen- und Typenkartell:

Dies ist ein sogenanntes anmeldepflichtiges Kartell (§ 5 i GWB), das beim Bundeskartellamt zur Kenntnis gebracht werden muß. Man einigt sich, jeweils im Produktionsprozess einheitliche Normen und Typen zu verwenden, um so die Produktion vor- und nachgelagerter Stufen zu synchronisieren.

Angebots- und Kalkulationsschematakartell:

Ein anmeldepflichtiges Kartell, daß sich darauf einigt, bei Ausschreibungen einheitliche Preisaufgliederung und vereinheitlichte Leistungsbeschreibungen zu verwenden, so daß die Angebote für den Ausschreibenden optimal vergleichbar werden.

Exportkartell:

Darin schließen sich inländische Unternehmen zusammen, um Absatzquoten, Preise und Konditionen für Auslandsregionen zu verabschieden und vertraglich zu fixieren. Oftmals verpflichtet man sich dort, auch sämtliche Exporte nur noch über das Exportkartell abzuwickeln. Es dient dazu, Auslandsmärkte zu stabilisieren oder zu erschließen.

Dieses Kartell ist ohne Inlandswirkung ein anmeldepflichtiges Kartell, mit einer Inlandwirkung[12] handelt es sich um ein Erlaubniskartell im Sinne des § 6 II GWB.

Konditionenkartell:

Die teilnehmenden Firmen beschließen untereinander gemeinsame allgemeine Geschäfts- Lieferungs- und Zahlungsbedingungen zu verwenden, die dem Bundeskartellamt bekanntzumachen sind und bis zu einem eventuellen Widerspruch der Behörde Gültigkeit besitzen (§ 2 GWB, Widerspruchskartell).

Rabattkartell:

Dies ist ebenfalls ein Widerspruchskartell, bei dem man sich darauf einigt, gemeinsam gültige Umsatz- und Mengenrabatte zu vereinbaren und zu verfolgen.

Spezialisierungskartell:

Mehrere Firmen schließen sich hierin zusammen, um gemeinsam eine Spezialisierung auf eine bestimmte Produktion oder auf bestimmte Dienstleistungen vorzunehmen und sich dabei untereinander optimal abzustimmen. Es handelt sich dabei um ein Widerspruchskartell.

Einkaufskartell:

Dies ist ein Beschaffungskartell, das einen Ausschließlichkeitsvertrag inkluiert, der die ausschließliche Belieferung von Kartellmitgliedern mit bestimmten Rohstoffen und Vorprodukten vorsieht. Für Außenstehende wird der Zugang zu diesen Stoffen erschwert oder unmöglich gemacht.

---

[12] Mit wettbewerbsbeschränkenden Regelungen auf dem Inlandsmarkt.

Bei den Unternehmenskooperationen handelt es sich um die ältesten Formen zwischenbetrieblicher Zusammenarbeit, die aber kaum eingehenderer Natur sind. Sie bestimmen nur die Unternehmensumwelt, nicht die Unternehmung selbst. Sie sind begrenzt aufgrund gesetzlicher Bestimmungen, dem Konkurrenzdenken und den Unabhängigkeitsbestrebungen einer jeden Firma, die einer intensiven Kooperation zunächst entgegenstehen.

Diese Barrieren abzubauen ist Aufgabe der Unternehmensverknüpfung, die die Zusammenarbeit legitimiert, wenn sie in bestimmten Formen vorliegt. Im Gegensatz zu den Unternehmenskooperationen, die eine Integration wenig bis gar nicht erfordern, und daher hier nur der Abgrenzung halber Erwähnung finden, ist der Bedarf einer Integration bei den Unternehmensverknüpfungen essentiell.

2. Unternehmensverknüpfung

Der Bereich der Unternehmensverknüpfungen stellt die eigentliche Relevanz für diese Arbeit dar und besteht aus den Formen Akquisition und Fusion, die im folgenden näher betrachtet werden sollen.

Fusion und Akquisition werden häufig in ihrem angelsächsischem Pendant verwendet, dem Begriff Merger & Acquisition. Diese Sammelumschreibung steht für den Erwerb oder die Veräußerung von Firmenbeteiligungen. Fusionen oder Kooperationen bedeutet synonym Zusammenschluß, Vereinigung; Verschmelzung (Merger) und Erwerbung von Unternehmen oder Unternehmensteilen (Acquisition)[13]. Obwohl der deutsche Markt seit des europäischen Binnenmarktes (seit 1993), durch seine zentrale Lage, durch seine relativ bedeutende Größe (ca. 80 Mio. Verbraucher), das hohe Technologieniveau und der Innovationsfreudigkeit sowie dem stabilen politischen Klima als sehr attraktiv gilt, ist die M & A – Tätigkeit im Vergleich zu anderen Ländern (USA, Japan) gering ausgeprägt, es ist aber damit zu rechnen, daß aus den genannten Attraktivitätsgründen eine zukünftig verstärkte Interessenslage aus dem Ausland eintritt, was sich ja teilweise schon abzeichnet.

Der besondere Reiz an M & A ist der, daß die strategische Position, der Marktzugang und das Know-how sich im erwerbenen und erworbenen Unternehmen sehr schnell und radikal ändern kann. Von einem Moment auf den anderen sieht man sich einer ganz anderen Situation gegenüber ohne das Forschungssaufwand und/oder besonders viel Zeiteinsatz nötig gewesen wären, man ist geneigt, vom "Quantensprung" zu sprechen, in dem abrupt der Energiestand eines Teilchens wechselt.

---

[13] Vgl. Grösch, A, 1991, S. 11

2.1. Akquisition

Dieser Form des Unternehmenswachstums gilt in dieser Arbeit das Hauptaugenmerk, was eine eingehendere Behandlung rechtfertigt. Sehr wichtig für die Rolle des Integrationsmanagements und dessen Positionierung im Prozeß der Akquisition ist der Ablauf einer Akquisition, wie er zumeist gewählt wird. Die Niederlegung dieses bedeutenden Teils wird daher auf den Anfang des zweiten Kapitels gelegt; zunächst daher eine allgemeine Erläuterung des Begriffes "Akquisition".

Eine Akquisition wird von zwei Parteien bestimmt, dem Akquisitionssubjekt, die akquirierende Unternehmung, und dem Akquisitionsobjekt, der akquirierten Unternehmung.

Eine Akquisition hat weitreichende Folgen, denn sie betrifft alle Unternehmensbereiche des Akquistionssubjektes und bedeutet eine langfristige Bindung an das Akquisitionsobjekt und der damit verbundenen finanziellen Aufwandsmittel. Somit muß eine Akquisition als strategisch bezeichnet werden und fällt damit in die Verantwortlichkeit des strategischen Managements, dessen Aufgabe die langfristige Ausrichtung ist.

Eine Akquisition ist unmittelbarer Ausfluß der Unternehmensstrategie des Akquisitionssubjektes, die Akquisition vervollständigt oder begründet ein Strategiefeld und ist die operative Realisierung, der eine strategische Analyse und ein strategischer Entscheidungsprozess vorangeht.

Der starke Zukunftsbezug, in dem es darum geht, durch Investition zukünftig zu realisierende Erfolge zu schaffen, haftet der Akquisition an und begründet oftmals einen zunächst überzogen anmutenden Aquisitionsobjektpreis.

Gutenberg [14] führt dahingehend schon 1979 aus, daß "...oftmals gar nicht rational faßbare Umstände zu einer Einheit..." führen, "..., die das akquisitorische Potential eines Unternehmens bestimmen."

Generell behält das Akquisitionssubjekt den rechtlichen Stand, den es vor der Akquisition innehatte, wohingegen das Akquisitionsobjekt seine wirtschaftliche Selbständigkeit völlig verlieren kann, wenn dies vom kaufenden Unternehmen intendiert wird.

2.2. Fusion

Bei einer Fusion verlieren alle beteiligten Parteien, in der Regel zwei, ihre wirtschaftliche wie rechtliche Selbständigkeit, die sie zugunsten einer neuen, gemeinsamen Firma, in die die Parteien eingehen, aufgeben. Sie schmelzen zu einer neuen Einheit zusammen. Es handelt sich somit um eine "wirtschaftliche

---

[14] Vgl. Gutenberg, E., 1979

18

und rechtliche Verschmelzung von Unternehmen zu einem Einheitsunterneh-men."[15]

Interessant in diesem Zusammenhang ist, wie wir noch sehen werden, wie man sich danach sieht, denn es stellen sich Fragen wie: Haben wir eine Geschichte, sind wir aus dem Nichts entstanden? Was sagen die Kunden beider Ausgangsge-sellschaften zu der Fusion? (häufig war man ja in einem Geschäftsfeld tätig und der ein oder andere Kunde dachte sich ja seinerseits etwas dabei, als er seine Wahl zu einer bestimmten Firma, die nun fusioniert, traf und nicht die andere wählte).

Der Fusion ist der Gedanke anhaftig, durch Größe zu überzeugen, Economies of Scale und Scope sollen realisiert werden, dadurch soll es möglich sein, Konkur-renten zu eliminieren und den Markt zu kontrollieren, was aber einer Speziali-sierung entgegensteht, so daß für andere Marktteilnehmer die Chance einer Ni-schenstrategie besteht, die einen Bestand im Markt gegen den Riesen sichert.

Da es in diesem Bereich ebenfalls zu interessanten integrationsmanagementrele-vanten Aspekten kommt, hat der Autor auch hierzu ein Beispiel gewählt, daß einerseits im praktischen Teil zum Tragen kommt, andererseits wird der Bezug zur Fusion auch im theoretischen Teil gesucht.

2.3. Sonderformen

Axel Grösch fügt im Zusammenhang mit Mergers & Akquisitions in seiner Ar-beit noch den Management-Buy-Out, den Management-Buy-In und den Spin-Off ein.[16] Diese Formen haben sich in der Regel zwar nicht mit einem Integrati-onsmanagement zu beschäftigen, da es sich lediglich um Eigentümerwechsel bei Fortbestehen der Firma handelt, es kann aber durch den neuen Besitzer zum ei-nen zu Veränderungen kommen, zum anderen geht ein solcher Prozess mit einer Verunsicherung der Belegschaft, die sich einer ungewissen, veränderbaren Um-welt befinden, einher.

2.3.1. Management-Buy-Out (MBO)

Durch Unzufriedenheit des Managements mit der Firmenleitung, durch den Wunsch, selbstständig zu sein oder durch ein einfaches Nachfolgeproblem kann es vorkommen, daß das bestehende Management sich dazu entschließt, durch den Kauf von Anteilen Eigentümer der Unternehmung zu werden. Dies vollzieht sich entweder durch einen rein internen Erwerb oder mit der Hilfe außenstehen-der Kofinanzierer.

---

[15] Vgl. Normann, R. v., 1990, S. 153
[16] Grösch, A, 1991, S. 129 - 140

In Deutschland ist das MBO gerade in den letzten Jahren begünstigt, denn Firmengründer der Nachkriegszeit stehen nun vor dem Nachfolgeproblem, Banken und Beteiligungsgesellschaften verfügen über ausreichendes Kapital, um unterstützend zu wirken und der Drang zur Selbständigkeit ist groß. Die Ausrichtung an der inzwischen weltweiten Konkurrenz läßt die Unzufriedenheit an alten, unbefriedigenden Strukturen aufkommen, im Rahmen des Outsourcing und der Besinnung auf Kernkompetenzen kam es zum Abstoßen von nicht mehr passenden Firmenteilen, die danach mit niedrigeren Overhead-Kosten existieren können. Zudem begünstigen fortan kürzere Kommunikationswege und Unabhängigkeit von einem großen Unternehmensverbund den zukünftigen Erfolg, der sich meist auch einstellt.

Voraussetzungen dazu sind ein qualifiziertes Management, gute Erfolgslage und Cash-flow (der eine Innenfinanzierung begünstigt), eine etablierte Marktposition in einem wachsenden Markt, ein zunächst geringer Investitionsbedarf, denn das junge Unternehmen hat seine Kapitalmittel in Kaufpreisammortisation und Etablierung als unabhängiges Unternehmen zu lenken, und der gut ausgerüsteten Aktivseite sollte daher eine geringe Verschuldung entgegenstehen.

2.3.2. Management–Buy-In (MBI)

Der MBI ist vom Grundablauf dem MBO vergleichbar, unterscheidet sich aber in der Form, daß ein nicht zum Unternehmen gehörender Dritter derjenige ist, der als übernehmende Person auftritt. Der Käufer ist von Motiven, wie dem Wunsch, ein eigenverantwortlicher Unternehmer zu sein oder seine Karriere in eine andere, abschließende Bahn zu orientieren, beseelt.

Die Gründe des Verkäufers sind ähnlich wie die des MBO, sind aber häufig begründet in der Realisierung des Firmenwertes, Finanzbeschaffung und Ausgliederung aus dem Konzernverbund.

Probleme beim MBI, die beim MBO kaum zu erwarten sind, stellen Akzeptanzprobleme der Belegschaft und des Managements dar, eine Unkenntnis des Käufers bezüglich des Marktes und der Strukturen in dem Unternehmensteil und der zu euphorischen Bewertung von Erfolgspotential.

2.3.3. Spin-Off

Das Management einer Unternehmung sieht es als gegeben an, einen Teil herauszulösen, um die Unternehmensstruktur weniger komplex zu gestalten oder sich auf das Kerngeschäft zurückzuziehen. Der Verkaufspartner ist das eigene Management (MBO) oder eine Neugründung (sponsored Spin-Off) bringt neue Eigentümer.

Der Spin-Off ist nicht nur mit geringen Kosten verbunden, er ermöglicht zudem die Realisierung von Barmitteln.

Der neue Eigentümer kann in neue Marktsegmente vorstoßen, neue Abnehmer finden, flexibler agieren, sieht sich einer geringeren Belastung (Overheads) gegenüber und kann nach wie vor auf die günstigen Beschaffungskonditionen des Konzerns zurückgreifen.

3. Synergie

Der Begriff der Synergie soll an dieser Stelle eine ausführlichere Behandlung erfahren, denn, wie später noch dargelegt werden soll, ist die Generierung von Synergien in ganz entschiedenem Maße davon abhängig, ob es ein Integrationsmanagement gibt und in welcher Weise es zum Einsatz kommt. Daher erscheint es wichtig, den Begriff zu klären und seine Determinanten und Möglichkeiten abzuschätzen.

Die Intension einer jeden Kooperation ist die Verbesserung der eigenen Position und die Erlangung von Vorteilen zur Erreichung eines Entwicklungszieles und damit sind die erläuterten Formen der Zusammenarbeit kein Selbstzweck, d.h. selbst ein strategisches Ziel, sondern sie dienen unmittelbar der Umsetzung eines übergeordneten Zieles im kurzfristigen, mittelfristigen und langfristigen Sinne.[17]

Dabei kommt der Realisierung von Potentialen, die sich neu eröffnen, besondere Bedeutung zu, da Potentiale zunächst nur Möglichkeiten bieten. Aber diese Möglichkeiten gilt es freizusetzen, d.h. in Synergieeffekte zu verwandeln, die sich in konkretem Nutzen widerspiegeln.

Unterschiedliche Kooperationsformen zwischen Unternehmen implizieren unterschiedliche Möglichkeiten der Synergierealisierung. Da der Akquisition besondere Bedeutung in dieser Arbeit zukommt, sollen nur die Möglichkeiten bei dieser Form Gegenstand einer detaillierten Betrachtung sein.

Hätscher unterscheidet dabei die Poolung, die wechselseitige Spezialisierung und die Koordination als drei Möglichkeiten[18]:

- Poolung versteht sich demnach als eine organisatorische Zusammenlegung der Unternehmensteile, in welchen es zu Synergien kommen soll. Die erwerbende Unternehmung, das Akquisitionssubjekt, gliedert ausgesuchte Unternehmensteile der erworbenen Unternehmung, dem Akquisitionsobjekt, in die eigene Organisation ein, um so eine Verbesserung herbeizuführen.

- Wechselseitige Spezialisierung bedeutet, daß die beteiligten Parteien jeweils einen spezifischen Vorteil aufweisen können. Beide Unternehmen können gegenseitig voneinander profitieren

---

[17] Der Autor versteht darunter folgende Zeiträume: Kurzfristig steht für Zeitspannen unter einem Jahr, mittelfristig ein bis fünf Jahre und alles ab fünf Jahre entspricht der langfristigen, strategischen Ebene.

[18] Vgl. Hätscher, 1992, S.134 ff

und sich so wechselseitig ergänzen und optimieren. Beide implementieren in ihre bestehenden Organisationen Neuerungen.

- Koordination schließlich läßt zwar beide Unternehmen ihre bisherigen Tätigkeiten getrennt voneinander fortfahren, aber es wird beabsichtigt, durch zukünftige, gegenseitige Information, die durch zu schaffende Schnittstellen realisiert wird, eine Abstimmung der Prozesse und Aktionen zu etablieren, was den wechselseitigen Zugriff auf das jeweilige Know-how bedingt. Diese Form des zwischenbetrieblichen Lernens, des Markt- und Technologiezuganges nennt *Schaper-Rinkel* "die Realisierung von Transfervorteilen"[19].

Wenn von Synergien gesprochen wird, hört man häufig die Formeln "2+2=5" oder "2+2=3", demnach gibt es verschiedene Formen und Generierungsfelder. Die erste Formel deutet darauf hin, daß etwas ökonomischer und effektiver abläuft als zuvor und mit gegebenem aber nun zusammengelegtem Input mehr erreicht wird als vorher.

Die zweite Formel deutet auf realisierte Kostensenkungspotentiale hin, was früher getrennt ablief, wurde nun zusammengelegt und erfordert eine verringerte Aufbaudichte.

Diese Vorteile ergeben sich, wie oben bereits erwähnt, durch Zusammenschlüsse, mit denen sich wiederum *Albrecht*[20] sehr genau auseinandersetzte, dessen Erkenntnisse über Zusammenschlußtheorien vor dem Hintergrund der Synergiegenerierung den nun folgenden Teil darstellt.

3.1. Effizienztheorie

Unternehmen, die ihrer Kooperation diese Theorie zugrunde legen, zielen darauf ab, "...vorhandene Unternehmensressourcen mit möglichst hoher Effizienz in Output zu verwandeln"[21] (2+2=5).

Dabei realisiert werden die klassischen Economies of Scope und Scale realisiert. Relevante Begriffe sollen daher zur begrifflichen Bestimmung gelangen.

Economies of Scale

Frei übersetzt handelt es sich um "Betriebsgrößenersparnisse", die idealerweise dazu führen, daß "...die Stückkosten eines Produktes (oder einer Operation oder Funktion, die in die Herstellung eines Produktes eingeht) bei steigender absoluter Menge pro Zeiteinheit sinken."[22] Kogeler[23] nennt die Economies of Scale

---

[19] Vgl. Schaper-Rinkel, 1997, S. 112

[20] Vgl. Albrecht, S, 1994, S. 5-27

[21] Vgl. Ebenda, S. 6

[22] Vgl. Porter, M.E., 1989, S. 29 ff

[23] Vgl. Kogeler, R., 1992, S. 55 - 56

auch "Wirtschaftlichkeitsvorteile", "Spezialisierungsdegression" oder "Größen-vorteile", was der gängigen Verwendung in der Literatur entspricht. Diese Vorteile lassen sich in nahezu jedem Betriebsteil einführen, wie z.b. Pro-duktion, Marketing, Vertrieb, Service, Forschung, Verwaltung und Einkauf. Die Zusammenlegung bedeutet beispielsweise auf dem Finanzmarkt eine größere Kredibilität, was zu günstigeren Krediten führt[24], auf dem Beschaffungsmarkt gelten durch größere Bestellmengen niedrigere Preise (2+2=3). Generell liegen bei einer erhöhten Ausstoßmenge die Grenzkosten unter den Durchschnittsko-sten, was die Durchschnittskosten senkt. Mehr Einheiten zu produzieren, fällt oftmals kostengünstiger aus, da z.b. der Materialaufwand unterproportional verläuft.

Economies of Scope

Diese treten im Gegensatz zu den Economies of Scale, die sich auf Produkte und Produktgruppen beziehen, immer dann auf, "...wenn die Kosten der gemeinsa-men Produktion mehrerer Produkte innerhalb eines Mehrproduktbetriebes ge-ringer sind als die Summe der Kosten einer getrennten Produktion,..."[25]

Vorhandene Ressourcen unterliegen einer verbesserten Nutzung, die sich auf zwei oder mehr Produkte auswirkt. Nicht die Menge des Produktspektrums ist hier entscheidend, sondern die Breite desselben.

Zwischen den beiden Feldern kann es interessanterweise zu Wechselwirkungen kommen, die eine abermalige Effizienzsteigerung begründen. Als Beispiel sei genannt, daß ein Eisenbahnnetz, das eine günstigere Transportmöglichkeit für Güter darstellt, stärker noch als zuvor für den Transport der Güter verwandt, er-geben sich Economies of Scale (Wechsel vom Straßenverkehr auf die Schiene). Economies of Scope lassen sich zusätzlich generieren, wenn diese Schienen weitere Transportarten wahrnehmen, wie z. B. Personenbeförderung.

3.2. Theorie des überlegenden Managements

In der Literatur auch bezeichnet als "inefficient management hypothesis", "im-proved management hypothesis" und "internal efficiency hypothesis"[26], bedeu-tet, daß Unternehmen ihre eigenen Ressourcen nicht optimal nutzen und ein Fremdfirmenmanagement dies verbessert übernehmen kann. Es ist für eine Un-ternehmung sehr riskant, diesen Nachteil nicht selbst zu bemerken, denn für an-dere Firmen, die diese Unterauslastung entdecken, stellt man ein potentielles Kaufobjekt dar.

Es kommt nicht selten in solchen Fällen vor, daß anstelle einer Schulung des vorhandenen Managements dasselbe durch ein neues ersetzt wird. Damit einher

[24] Vgl. Seth, A., 1990, S. 431

[25] Vgl. Ebenda, S. 101

[26] Vgl. Albrecht, S., 1994, S. 9 und der dort angegebenen Literatur

geht eine massive Umstrukturierung der bisherigen Aufbau- und Ablauforganisation, was für alle Mitarbeiter eine Umstellung mit sich bringt und in der Anfangsphase Kooperationsbereitschaft und Flexibilität verlangt.

3.3. Marktmachttheorie

Im Idealfall (aus Unternehmersicht) führt diese Theorie in einem praktischen Zusammenschluß zu einer Monopolstellung, d. h. die Marktmacht ist absolut, die Fähigkeit, Preise, Mengen oder qualitative Beschaffenheit eines Produktes zu bestimmen, ist ausgeprägter Natur, was, zumindest theoretisch, die Möglichkeit überdurchschnittlicher Preise und Gewinne birgt.

Aber selbst wenn eine Monopolstellung nicht erreicht werden kann, kommt es doch unter den verbliebenen, zahlenmäßig verringerten, Anbietern zu Möglichkeiten, den Markt aktiver zu bestimmen.

Absprachen verringern oder eliminieren den Wettbewerb, Gegenseitigkeitsgeschäfte (jeder ist gleichzeitig Lieferant und Abnehmer für den/die anderen) lassen die Eintrittsbarrieren für Neulinge stark ansteigen, Ausschließlichkeitsgeschäfte [ein Hersteller von gegenüber dem Handel sehr wichtigen Produkten, verlangt vom Handelsunternehmen die Abnahme weiterer Produkte aus der Angebotspalette oder droht mit Lieferstop (dieses wurde beispielsweise von Procter & Gamble praktiziert, die so ein Produkt etablierten, das sie im Rahmen einer Firmenakquisition erwarben)].

Positiver Effekt ist dabei nachgewiesenermaßen, daß der um so höhere Marktanteil einen erheblich besseren ROI (Return on Investment) mit sich bringt und die Konkurrenz, die sich ohnehin im Überlebenskampf mit niedrigeren Gewinnmargen befindet, in eine passive Position drängt[27].

3.4. Steuertheorie

Verschiedene Möglichkeiten Steuern einzusparen, führen dazu, daß Zusammenschlüsse durchgeführt werden. Steuervorteile lassen sich realisieren in Form von:

- Übernahme eines Verlustvortrages, der in den nachfolgenden Jahren die Steuerlast mindert.

- Erhöhung der abschreibungsfähigen Vermögensgegenstände

- Steuerersparnis durch Unternehmenskauf statt einer Dividendenzahlung (hierbei verläßt das Geld nicht die Unternehmensumwelt, sondern bleibt als Investition vorhanden und stärkt die Aktivseite der Bilanz).

---

[27] Vgl. PIMS-Studie (Profit Impact of Market Strategies) des Strategic Planning Institute (SPI) of Cambridge. So bedeutet ein 7 %iger absoluter Marktanteil einen ROI von 7%, der 14%ige Marktanteil korreliert schon mit einem nahezu 22%igem ROI und der 40%ige Marktanteil geht mit einem ROI von 30 % einher.

Als Beispiel sei der Kauf der AEG durch die Daimler Benz AG genannt. Die Steuerersparnis für die Daimler Benz AG lag bei 1,9 Milliarden DM, was den Kaufpreis für die AEG um etliche 100 Millionen DM überstieg[28] und neben der erfolgten Diversifikation zu erheblichen Ersparnissen führte.

3.5. Raider-Theorie

Dieser sehr unfeine aber dennoch sehr erfolgversprechende Ansatz bedeutet, daß der sogenannte "Raider"[29] ein Unternehmen vollständig oder teilweise erwirbt, um es dann in seine Einzelteile zerlegt wiederverkauft oder das Vermögen der erworbenen Gesellschaft in ausplündernder Weise seinem eignem Unternehmen zuführt und so bei den anderen Eigentümern erheblichen Schaden hinterläßt. Dies stellt eine besondere Form der Konkurrenzschwächung da, denn der neue Eigentümer besitzt die materiellen wie immateriellen Vermögenswerte und hinterläßt einen wenig konkurrenzfähigen Unternehmensrest.

Hierunter zu subsumieren ist auch das "Greenmailing"[30]. Ein Raider kauft ein großes Aktienpaket an und bedroht die betroffene Gesellschaft damit, weitere Anteile bis zur Mehrheit zu erwerben, um dann zu plündern. Die bedrohte Gesellschaft kann nun die Anteile zu einem erhöhten Preis zurückkaufen oder begibt sich in die Gefahr, erheblichen Schaden zu nehmen. In Deutschland gestaltet sich dies allein schon deshalb schwierig, da den Aktiengesellschaften der Rückkauf eigener Aktien nur unter ausnahmebestimmten Bedingungen erlaubt ist.

3.6. Bewertungstheorie

Je nachdem, ob in einem Unternehmen konservativer oder innovativer Charakter gepflegt wird, kommt es zu unterschiedlichen Bewertungsansätzen der Vermögenspositionen, wobei auch verschiedentliche erlaubte Bewertungsansätze aus dem Bilanzierungsrecht zum tragen kommen. Bewertet ein Unternehmen klassisch vorsichtig, dann kommt es zwangsläufig zur Bildung erheblicher stiller Reserven, was ein bewußter Prozeß wäre, dem der unbewußte entgegensteht, d.h. das Unternehmen weiß den tatsächlichen Marktwert nicht und bewertet deshalb zu niedrig. Ein die Marktlage besser kennendes Unternehmen vermag nun die Chance zu nutzen, indem es als Käufer auftritt und mit den stillen Reserven einen Teil des Kaufpreises amortisiert, mitunter auch einen erheblichen Teil bis hin zur völligen Finanzierung durch stille Reserven.

Entweder begründet sich dies in einer tatsächlich besseren Marktkenntnis, da über bessere Marktinformationen verfügt wird oder aber man weiß um die konservativen Bewertungsansätze, die, wie man sieht, recht gefährlich sein können.

---

[28] Vgl. Albrecht, S., 1994, S. 17 und der dort angeführten Literatur.

[29] Am besten zu übersetzten mit "Plünderer".

[30] Einer Ableitung des englischen "Blackmail", was soviel wie "Erpressung" bedeutet.

3.7. Managerialismustheorie

Die Theorie geht davon aus, daß Manager andersartige Ziele verfolgen als die Eigentümer. Sie sind in diesem Zusammenhang sekundär davon bestimmt, den Umsatz und den Gewinn zu maximieren und den Unternehmenserfolg abzusichern, primär geht es ihnen darum, Macht und Prestige auszubauen. Diese eng mit Größe und Wachstum korrelierenden Ziele dienen dem eigenen Machtausbau und schließlich der Selbstverwirklichung in einem egoistischen Sinne.[31]

Zudem führt *Albrecht* an, daß Manager darauf bedacht sind, ihren Arbeitsplatz zu sichern und ihre Verantwortung auszubauen.[32]So kann es, unter anderem, in einer Unternehmung zu einer Diversifikationsstrategie kommen.

Den eigenen Nutzten maximierend, strebt man nach der schnellsten Möglichkeit zu expandieren und dies wiederum ist erfüllt in Unternehmenszusammenschlüssen.

4. Systematisierung der Synergien

Den dargelegten Theorien zur Synergiebildung soll sich nun eine Systematisierung von Synergien anschließen, die Erscheinungsformen und Einflußfaktoren von Synergien thematisch behandeln.

Der Synergiebegriff wird oftmals in der Literatur ohne vorhergehende Definition verwandt und damit einhergehend nicht klar abgegrenzt verwendet. Im Kontext umschrieben wird dennoch nicht klar benannt, was gemeint ist.

Ossadnik unterscheidet zunächst in positive und negative Synergien[33], die es zweifelsohne zu differenzieren gilt.

Positive Synergieeffekte sind solche, die die beiden Organisationen effektiver und ökonomischer gestalten, also schlichtweg für Verbesserung sorgen. So kann man dazu nennen:

- Aus ehemaligen Konkurrenten werden Partner, gegeneinander gerichtete Wettbewerbsaktivitäten entfallen, Energie und Ressourcen können anderweitig zum Einsatz kommen.

- Eine gemeinsame, bereinigte Produktpalette infolge einer Unternehmensverbindung erreicht einen höheren Erfolgswert als die beiden getrennt am Markt arbeitenden Produktpaletten.

- Günstigere Beschaffungskonditionen aufgrund der Mengendegression verbessern unmittelbar den Erfolg.

---

[31] Vgl. Berle und Means, die in ihrer Arbeit aus dem Jahre 1932 diese Theorie begründeten, es handelt sich um einen Aufsatz, der sich mit der Trennung von Eigentum und Leitung in einem Unternehmen beschäftigt.

[32] Vgl. Albrecht, S., 1994, S. 24

[33] Vgl. Ossadnik, W., 1995, S. 7 - 9

- Leerkosten werden gesenkt, da von einer besseren Auslastung der Kapazitäten ausgegangen werden kann. Economies of Scope und Scale werden einfacher realisierbar.

- Gegenseitiger Know-How-Transfer sorgt für Wissensimplementierung und Optimierung ohne Forschungsaufwand.

- Interne Finanzierungsmaßnahmen sorgen für Unabhängigkeit gegenüber den externen Finanzinstituten.

Demgegenüber können auch negative Synergieeffekte benannt werden, die sich dadurch auszeichnen, das die neue Organisation belastet oder geschädigt wird. Zumeist aber handelt es sich bei den negativen Einflußfaktoren um temporär begrenzte Aspekte:

- Diseconomies of Scale (reorganisationsbedingte Umstellungs-, Anpassungs- und Vereinheitlichungsmaßnahmen, die Kosten und Aufwand verursachen).

- Rationalisierungsmaßnahmen erfordern zunächst einen zu finanzierenden Sozialplan, bevor es zu Einsparungen kommen kann.

Ansätze zur Systematisierung von Synergieeffekten sind in der folgenden Tabelle zusammengefaßt und werden anschließend kurz erläutert:

Autoren	Synergieeinteilungskriterien
Ansoff	Funktionsbereichsbezogen: Verkaufs-, Produktions-, Investitions- und Managementsynergien.
Porter	Wertschöpfungskettenorientiert: Synergien aus Know-How-Transfer und Aufgabenzentralisierung.
Coenenberg/ Sauter	Funktionsbereichs- und wertschöpfungskettenorientiert: Synergien aus Güter- und Finanzwirtschaft.
Weber	Funktionsbereichs- und wertschöpfungskettenorientiert: Synergien aus Markt-, Kosten- und Steuereffekten
Reißner	Induktiv-funktionsbereichs- und wertschöpfungsketten- orientiert: Synergien aus Zentralisation, Integration, Transfer.

Abb. 2 Ansätze der Systematisierung von Synergien[34]

Ansoff[35] steht für den frühsten hier aufgeführten Ansatz, der Synergien in Funktionsbereiche einteilt, aus denen heraus Synergien fließen. Durch Zusammenlagerung und Abstimmung der zusammentreffenden Systeme kommt es zur Synergierealisierung. Andere Autoren nehmen dies zur Grundlage, um eine Verfeinerung in Richtung funktionsbereichsbezogener Synergien zu betreiben.

Porter[36] knüpft an dem von ihm selbst entwickelten Wertkettenansatz an. Es besteht, seinen Ausführungen zufolge, ein Synergieeffekt aus einem Know-How-Transfer und aus der Aufgabenzentralisierung. Verbundvorteile[37] entstehen somit zum einen aus der puren Übertragung von Wissen, das jeweils neu etabliert wird, und sich auf vergleichbare Wertschöpfungsketten bezieht. Zum anderen kann es im Anschluß zu einer gemeinsamen Produktion und Ausführung der Geschäftsaktivitäten kommen, die entlang der Wertschöpfungskette verlaufen.

[34] Vgl. Ossadnik, W., 1995, S. 9
[35] Vgl. Ansoff, H.I., 1965, S. 75
[36] Vgl. Porter, M. E., 1987, S. 41
[37] So nennt Ossadnik Synergien (z.B. S. 10)

Coenenberg/Sauter[38] differenzieren zwischen güterbezogenen und finanzwirt-schaftlichen Synergien, die sie zunächst als Potential verstehen und die letzt-endlich, neben eigenen Ausführungen, auf Ansoff und Porter beruhen.

Güterwirtschaftliche Potentiale werden realisiert, wenn eine Integration der Funktionen vorgenommen wird, der Transfer von Know-how stattfindet und ei-ner daraus resultierenden Verbesserung der Wettbewerbspositionen generiert werden kann.

Finanzwirtschaftliche Synergien sorgen für eine verbesserte Kosten- und Auf-wandsstruktur, so werden z.b. steuerliche Vorteile möglich, die sich direkt er-gebnispositiv verhalten, reduzierte Kapitalbeschaffungskosten erleichtern Inve-stitionen, die wiederum zukunftssichernd wirken.

Weber[39], als nächster Ansatz, sieht Synergiepotentiale im Bereich Markt-, Ko-stenorientierung sowie bei steuerlichen Aspekten.

Marktorientierte Synergien sind dabei zu verstehen als Kombination regional unterschiedlicher Märkte, was neue Ressourcen und Nachfragen erschließt, eine Veränderung der Produktpalette bedeutet, die aufeinander abgestimmt werden und schließlich die Entschärfung der Konkurrenzsituation, die möglicherweise zwischen den nun kooperierenden Firmen bestanden hat.

Kostenorientierte Synergiepotentiale werden in Economies of Scale und Scope gesehen, der Spezialisierung, der Arbeitsteilung, einer effektiveren Produktion mit verbesserter Qualität, und auch Ersparnisse durch den schon bekannten Wis-senstransfer.

Die zum dritten genannten steuerlichen Synergien weichen nicht von denen oh-nehin schon genannten ab und beruhen auf den steuersparenden Gestaltungs-möglichkeiten, die vom Gesetzgeber eingeräumt wurden.

Die Aufstellung wird komplettiert durch den Ansatz von *Reißner*[40], der basie-rend auf einer von ihm empirisch durchgeführten Befragung seine Ergebnisse präsentiert, die sowohl funktionsbereichs- als auch wertkettenbezogen sind und eine resultierende Einteilung differenziert zwischen Synergien, hervorgerufen durch Zentralisation, Integration, Ergänzung und Transfer.

Zentralisationsbedingte Synergien korrelieren mit den porterschen Vorteilen aus der Zusammenlegung von Wertketten, die aber durch *Reißner* eine Erweiterung um durchaus negative Folgen erfährt, die er darin begründet sieht, daß zentrali-sationsbedingte Flexibilitätsverluste unleugbar sind, ein Stellenabbau, be-sonders wenn er sozial verträglich sein soll, Freisetzungskosten mit sich bringt.

Integration und Restrukturierung bedeutet, daß durch eine notwendige, aktive Einpassung von Elementen in die vorhandenen Wertketten derart gestalterisch

---

[38] Vgl. Coenenberg/ Sauter, 1988, S. 698-701

[39] Vgl. Weber, E., 1991, S. 104 ff

[40] Vgl. Reißner, S., 1992, S. 109 - 120

kombiniert werden, daß die Nutzung der vorhandenen Ressourcen eine Optimierung erfährt.

Synergien der Ergänzung und des Zugangs ergeben sich aus der wechselseitigen Unterstützung, aber auch der Abstimmung der Wertschöpfungsbereiche, weiterhin erfolgt der Marktzugang in jeweils neue Märkte, unterstützt durch den anderen Partner, der dort bereits präsent ist.

Negativ kann sich dabei, durch die Einführung neuer Geschäftsfelder, eine Dekonzentration des Stammgeschäftes auswirken, aufgrund dessen Stammkunden verloren gehen ohne dabei durch ausreichend neue Kunden ersetzt zu werden. Transfer ist wiederum das gegenseitige Lernen, wohingegen der *Ausgleich* als neuentwickelt dazustößt.

Durch Zusammenschluß der Wertschöpfungsketten reduziert sich das Gesamtrisiko durch eine ausgewogenere Risikoverteilung. Risikoreiche Bereiche werden abgesichert durch eher konservative Bereiche, momentan schwache durch aktuell starke. Dadurch ist beispielsweise die Kompensation saisonaler Differenzen im gegenseitigen Ausgleich finanzwirtschaftlicher Spitzen denkbar.

5. Diversifikationsart

Zusammenschlüsse oder Kooperationen zwischen Unternehmen können, nach bestehenden Ansätzen, horizontal, vertikal und konglomerat sein.[41] Im einzelnen bedeutet dies in Deutschland[42]:

> *"Ein horizontaler Zusammenschluß ohne Produktausweitung liegt vor, wenn das erwerbende Unternehmen auf den gleichen Märkten tätig ist.[43] Ein horizontaler Zusammenschluß mit Produktausweitung liegt vor, wenn das erworbene Unternehmen und der Erwerber auf benachbarten Märkten des gleichen Wirtschaftsbereiches tätig sind."[44]*

> *„Ein vertikaler Zusammenschluß liegt vor, wenn das erworbene Unternehmen im Verhältnis zum Erwerber auf vor- oder nachgelagerten Produktstufen tätig ist."[45]*

Alle übrigen Fälle, also solche, bei denen keinerlei Verwandtschaft zwischen dem Erwerber und dem erworbenen Unternehmen besteht, werden als konglomerat eingestuft.

In den USA verfolgt man den Ansatz der *Federal Trade Comission* (FTC)[46], dabei bedeutet:

---

[41] Vgl. Albrecht, S. 1994, S. 105

[42] Vom Bundeskartellamt entwickelt und in die Rechtsprechung übernommen

[43] Beispielsweise erwirbt eine Bäckerei eine andere Bäckerei.

[44] Eine Brauerei erwirbt einen Safthersteller.

[45] Die Brauerei erwirbt zusätzlich noch einen Getränkegroßhandel.

[46] FTC im Jahre 1978, S. 108ff

- Horizontal: Beide Unternehmen produzieren gleiche Produkte im gleichen Markt.
- Vertikal: Beide Unternehmen standen vor dem Kauf in einem Käufer-Verkäufer-Verhältnis.
- Produktausweitung: Es besteht eine funktionale Verwandtschaft der Bereiche Produktion und/oder Distribution, ohne das sich die Unternehmen dabei konkurrierten.
- Marktausweitung: Grundsätzlich gleiche Produkte werden in regional unterschiedlichen Märkten verkauft.
- Konglomerat: Die beiden Unternehmen sind im wesentlichen nicht verwandt hinsichtlich ihrer Produkte und der Märkte, auf denen sie tätig sind.

Kitching[47] nennt darüber hinaus noch (neben horizontal, vertikal und konglomerat, die er grundsätzlich synonym zum bisher erläuterten gebraucht) den *technologie-konzentrischen* und *marketing-konzentischen* Diversifikationsweg.

- Technologie-Konzentrisch wird verstanden als ein Bedienen unterschiedlicher Kundengruppen, wobei aber Produktionstechnologie sowie Forschung und Entwicklung als vergleichbar angesehen werden können.
- Marketing-Konzentrisch bedeutet, daß beide Unternehmen vergleichbare Kundenstämme und Distributionswege haben, aber hinsichtlich ihrer Produktionstechnologie sowie der Forschung und Entwicklung Unterschiedlichkeiten aufweisen.

6. Integrationsmanagement und Integration

Auf die speziellen Besonderheiten soll erst im folgenden Kapitel eingegangen werden, so daß an dieser Stelle zunächst eine allgemein einleitende Intention verfolgt werden soll.

Viele Autoren verstehen das Integrationsmanagement gar nicht als eigenes Feld, sondern subsumieren den Begriff, ohne ihn zu nennen, gleichsam aber doch meinend, unter anderen Bereichen wie z.B. Akquisitionsmanagement, Post-Acquisition-Management (PAM) oder Integrationsplanung und Gestaltung.

Tatsächlich ist es aber nach Ansicht des Autors so, daß die Rolle des Integrationsmanagements nach einer Akquisition derart wichtig ist, daß dieser Begriff und die Aktionen, die damit verbunden werden sollten, separat betrachtet und geplant werden müssen. Eine einfache "Nebenbei-Erledigung" zusammen mit vermeintlich wichtigerem führt zu ernsten Konsequenzen, wie aber später noch zu zeigen sein wird.

---

[47] Vgl. Kitching, J., 1973, S. 48

Zunächst kann der Begriff Integration etymologisch auf seine Herkunft untersucht werden, wie es auch *Stefan Hase*[48] in seiner Dissertation vorgenommen hat.

Demnach besteht der Bezug zum lateinischen "integer", was soviel wie ganz, unversehrt oder vollständig bedeutet, und "integratio", was wiederum mit dem deutschen Wiederherstellung eines Ganzen vergleichbar ist, ferner bietet sich "integrare" an, das als ein vervollständigen verstanden werden kann.

Der Integrationsbegriff findet dabei, wie beispielsweise ein Blick in das Internet verdeutlicht, vielerlei Anwendung in diversen Disziplinen von der Biologie, der Mathematik, der Psychologie bis hin zum Recht.

In dieser Arbeit versteht sich Integration als ein Prozess, in dem ein erworbener Teil einer Unternehmung oder gar eine Unternehmensgesamtheit in eine andere Unternehmung, zumeist größer als die Erstgenannte, eingefügt werden soll, dabei so vollständig und alle Ebenen beider Unternehmen betreffend, wie es eine Planung vorsieht, daß Unterschiede sich im Extremfall marginalisieren und nach einem Zeitablauf nicht mehr feststellbar sind.

Diese Integration soll dabei nicht auf sich selbst gestellt sein und nur bestimmte, sachliche Bereiche betreffen, sondern vielmehr umfassend sein und Gegenstand einer besonderen Verantwortung sein, dem Integrationsmanagement, daß vor der eigentlichen Akquisition bereits implementiert wird, den Prozess begleitet und letztendlich zum Abschluß bringt.

Auch wenn *Hase*[49] und *Haspeslagh/Jemison*[50] der Ansicht sind, daß der Akquisitionsprozeß einerseits und der Integrationsprozeß andererseits jeweils voneinander unabhängige, spezifische Chancen und Risiken bieten, muß man davon ausgehen, daß eben diese beiden Prozesse interdependent sind und sich, gerade was ihren jeweiligen Erfolg betrifft, doch in entscheidenem Maße wechselseitig beeinflussen.

Unternehmensaktivitäten lassen sich dabei im engeren Sinne und im weiteren Sinne integrieren[51].

Im engeren Sinne werden die Aktivitäten beider Unternehmen zusammengefaßt und im folgenden gemeinsam durchgeführt.

Im weiteren Sinne kommt es lediglich zu einer Koordinierung, d. h. es kommt zu einer Abstimmung ohne jedoch die jeweilige Selbstständigkeit aufzulösen.

---

[48] Hase, S., 1996, S. 14, sowie der dort zitierten Literatur

[49] ebenda, S. 18

[50] Haspeslagh, P., Jemison, D., 1987, S. 53-58

[51] Hase, S., 1996, S. 17 - 19

Integration ist, so wie es in dieser Arbeit verstanden werden soll:

- generell vom Management zu planender und auszuführender Prozess, der den Charakter einer Zusammenarbeit mit allen Beteiligten haben muß.

- Gegenstand ist die vollständige oder nur partielle Eingliederung eines Akquisitionsobjektes in strategischer, personeller, finanzieller, psychologischer und kultureller Hinsicht.

- Zusammengefaßt werden Aktivitäten, Organisationen, Handlungen und Entscheidungen.

- Es ist ein separater Prozess, der die durch die Akquisition gewonnenen Potentiale realisieren soll und den tatsächlichen Vorteilen den Weg ebnet und schlußendlich implementiert.

Vor diesem Hintergrund soll nun daran gegangen werden, sich in den folgenden Kapiteln dem Integrationsmanagement zu widmen.

7. Ablauf eines Akquisitionsprozesses

Basierend auf diversen Ausführungen in der Literatur[52] und auf der Grundlage verschiedener praktischer Abläufe[53], legt der Autor zunächst den generellen Ablauf eines Akquisitionsprozesses dar. Diese Ausführungen stellen für die Weiterführung der vorliegenden Arbeit einen wesentlichen Teil dar, da sie das Umfeld des Integrationsmanagements bilden.

Von einem zunächst schematisch und ablauforganisatorisch präsentierten Akquisitionsprozessverlauf geht der Autor danach explizit auf die einzelnen Stufen erklärend ein.

---

[52] Vgl. Hase, S., 1996, S. 22, Kötzle, A., 1995, S. 173, Nupponen, P., 1995, S. 65, Eschenbach, R., 1995, S. 332 und EERU, V., 1992, S.61, Kogeler, R., 1992, S. 44, Ashkenas, R.,1998, S. 168.

[53] Vgl. Ablaufdiagramme des praktischen Teils, wo die Firmen Bayer Konzern (Bereich Consomer Care)/Agfa, Konzernbereich VAK (Veräußerungen, Akquisition und Kooperation) und der schweizer Gesellschaft der PricewaterhouseCoopers in Basel zum tragen kommen.

Analyse- Problemphase	1	Analyse der Ausgangssituation, Erkennnen des Handlungsbedarfes, strategische Planung (wie soll was in Zukunft sein?)
Suchphase	2	Finden möglicher und geeigneter Kandidaten zur Stärkung problematischer, wachstumsbedüftiger GB´s, Vorauswahl (evtl. Secrecy Agreement)
Beurteilungs- Detailphase	3	Analyse und Bewertung der Kandidaten in der engeren Wahl (Due Diligence, Audits, Präsentation vor Entscheidungsträgern, Non- Binding –Offer).
Entscheidungsphase	4	Verhandlungen, Festlegung auf einen finalen Kandidaten, Binding-Offer, Akquisitionsplan.
Realisationsphase	5	Vertragsabschluß, Genehmigungverfahren (Kartellbehörden), Integrationsplan.
Integrationsphase	6	Involvierung aller Ebenen, Implementierung eines Integrationsmanagements.
Kontrollphasen	7	In zyklischen (erfoderlichenfalls außer- ordentlichen) Abständen Überprüfung des Akquisitions- und Integrationserfolges.

Abb.3 Ablaufschema eines Akquisitionsprozesses[54]

---

[54] Eigene Darstellung

7.1. Analyse- Problemphase

Eine Akquisition, wie bereits dargelegt, ist eine zukunftsträchtige und zukunfts-
bestimmende Investition, die Ausfluß einer Strategie ist. Sie kann und darf daher
nicht aus dem "hohlen Bauch" heraus entschieden werden, sondern muß in Ein-
klang stehen mit dem, was erreicht werden soll und was der Unternehmensstrategie entspricht.

Zunächst hat sich die Unternehmung damit zu beschäftigen, welche Entwick-
lungsrichtung die Zukünftige sein soll, wo man, in beispielsweise 10 Jahren,
stehen möchte. Daraus ergibt sich, welche Geschäftsfelder die umsatzbestim-
menden, stärksten sind und wo sich Lücken ergeben. Dazu gibt es zahlreiche
Ansätze, die der Manager verfolgen kann und die ihm behilflich sind, diese Informationen zu generieren. Genannt seien hier, ohne weitere Verfolgung, die
SWOT-Analyse Porters, Marktpositionierungsansätze von Ansoff, Porter und
McKinsey sowie der Wertkettenansatz von Porter.[55]

Gerpott[56] weißt allerdings völlig zurecht darauf hin, daß diese Aspekte den Ma-
nagerwillen repräsentieren und die Steigerung des Gesamtwertes der Unternehmung zum Ziele hat. Häufig wird nicht nur vernachlässigt sondern ganz übersehen, daß Interessengruppen existieren, die ebenfalls Zielanforderungen an die
Akquisition haben, deren Nichterfüllung negative Auswirkungen auf den Akquisitionsprozeß haben. Solche Interessengruppen sind Lieferanten, leitende Ange-
stellte, Gläubiger, Kunden, Staat und die Belegschaft auch mit ihrer Interessen-
vertretung. Ein Nichteinverständnis der Mitarbeiter führt im Extremfalle zu einer Entzweiung zwischen Management und Belegschaft, d.h. die operative
Ebene, die täglich für das Geschäft sorgt, könnte die strategische Ebene unterminieren, was zumindest den Unternehmenserfolg beeinträchtigt, wenn nicht gar
erheblich stört. Die Abwanderung des mittleren Managements infolge einer Unzufriedenheit läßt sich schwer verkraften, denn Wissen wandert unwiederbring-
lich ab.

Kogeler[57] schlägt den Vergleich der Unternehmensleistungen, der Produkt- /
Marktstrukturen und der Organisationen zum Prüfen der Kompatibilität vor. Die
Unternehmensleistungen, die zum Vergleich herangezogen werden sollen, be-
nennt er mit Kennzahlen, wie z.B. Umsatz und Ergebnis, Kostenstrukturver-
gleich und den Investitionen sowie den dazu zur Verfügung stehenden Cash-
flow.

Produkt- und Marktstrukturen verstehen sich in seinen Ausführungen als Über-
schneidungen der Produkt- und Marktkombinationen, die beide Unternehmen
verfolgen bzw. in denen sie kollidieren könnten, die Ergänzung der Produktpaletten und der Sortimente, bisherige Produktions- und Technologiestrukturen.

---

[55] Siehe Anhang
[56] Vgl. Gerpott, T., 1993, S. 62
[57] Vgl. Kogeler, R., 1992, S. 45 - 46

Der Vergleich der Organisationen beinhaltet die vorherrschenden aufbau- und ablauforganisatorischen Prinzipien.

Mit den resultierenden Ergebnissen wird dem Manager klar, welche Bereiche es zu stärken gilt, und welche Bereiche eventuell sogar desinvestiert werden müssen, weil sie nicht in das Gesamtkonzept passen.

Zweifelsohne, im Rahmen der globalen Marktvitalisierung, gibt es auch den Weg des kurzfristigen Angebotes, wenn etwa eine Investmentbank den aktiven Auftrag zur Desinvestition von einem Kunden erhält, wird diese Bank sich an potentielle Interessenten wenden, die dann, mitunter sehr schnell, entscheiden müssen, ob sie das zur Verfügung stehende Objekt erwerben oder nicht.[58]

Gut geeignet ist das *Wertschöpfungskonzept Porters*[59], um die Bestimmungsfaktoren zur Akquisition zusammenzufassen.

Portfoliomanagement:

Im Rahmen der festgelegten Kernbereiche der Unternehmung akquiriert man erfolgversprechende, die Strategie stützende Unternehmungen oder Teile derselben, um zu einem ausgewogenen Portfolio zu gelangen. Das Portfoliomanagement berücksichtigt dabei in aller erster Linie den Risikoausgleich. Sich ergänzende und getrennt voneinander geführte Wertketten summieren sich zu einem geringeren Gesamtrisiko, als es beide völlig voneinander losgelöst präsentierten. Kernabsicht ist die Diversifikation, die Wahrung größtmöglicher Autonomie der erworbenen Unternehmung geht damit einher.[60]

In der verfolgten Portfolio-Strategie geht es um Diversifikation, in der Regel wird die erworbene Unternehmung „...unter Wahrung größtmöglicher Autonomie" geführt, „Die Verflechtungen zu anderen Divisionen bestehen nur durch einen möglicherweise gemeinsamen Namen und durch den Wettbewerb aller Systeme um Ressourcen.[61]

Restrukturierung:

Das Management entscheidet sich hier für den Kauf eines zwar sanierungsbedürftigen Bereiches, in dem aber, neben einem grundsätzlichen Zusammenpassen mit der Unternehmensstratgie, ein Erfolgspotential gesehen wird, das es noch zu entwickeln und zu realisieren gilt. Der Kaufpreis liegt aufgrund des Neustrukturierungsbedarfes recht niedrig. Oft genügt es bereits, die Organisation zu verändern und die Verfahrensweisen zu implementieren, die das akquirierende Unternehmen bereits verfolgt, um eine erfolgreiche Sanierung durchzuführen.

Daneben kommt es aber auch zur Realisierung von Kostensenkungspotentialen, Optimierung des administrativen und operativen Bereiches und/oder zur reformierten Nutzung technologischer und finanzieller Ressourcen.

---

[58] Vgl. Hase, S., 1996, S. 23

[59] Vgl. Porter, M.E., 1988, S. 50 – 63, sowie Porter, 1987, S. 35 - 47

[60] Vgl. Leimer, W., 1991, S. 192

[61] Vgl. ebenda S. 193

Know-How-Transfer:

Der wohldosierte Transfer von erfolgsentscheidenem Wissen und erfolgskriti-scher Fähigkeiten ist hierunter zu verstehen. Eine signifikante Verbesserung zum vorher bestehenden Bild macht den neuen Bereich zu einer echten Berei-cherung. Die Strategie des Know-How-Transfers bedeutet laut *Leimer*[62] „...die generelle Übertragung von Fähigkeiten, Wissen und Ressourcen aller Arten von Managementaktivitäten....".

Aufgabenzentralisierung:

Von der eigenen Wertschöpfungskette ausgehend schaut man sich nach Unter-nehmen, die vergleichbare Wertketten aufbieten, um, damit die Möglichkeit der gemeinsamen Nutzung zu evaluieren. Ziel dabei ist es, Kostenvorteile zu reali-sieren, höhere Kapazitätsauslastung zu verfolgen, Overheadkosten einzusparen und Differenzierungsvorteile zu implementieren, die sich dadurch ergeben, daß z.b. durch gemeinsame Auftragsabwicklung Zusatzleistungen entstehen, die sich anschließend durch eine besondere Wertschätzung bei den Kunden aus-zeichnen.

Dieser Ansatz deutet darauf hin, wie vielseitig Probleme oder Verstärkungspo-tentiale sein können und wie man Kriterien definiert, die dazu führen, in der La-ge zu sein, ein Anforderungsprofil zu formulieren, damit eine Basis geschaffen ist, eine erfolgreiche Suche nach zunächst einer Auswahl von potentiellen Kan-didaten vorzunehmen.

Diese Suche ist ein "...Selektionsprozess, der mit dem Zweck durchgeführt wird, mögliche Akquisitionsalternativen auf geeignete Unternehmen zu reduzieren, aus denen im weiteren Verlauf des Akquisitionsprozesses ein geeignetes Objekt auszuwählen ist."[63]

7.2. Suchphase:

Es gibt die grundsätzlichen Suchalternativen der aktiven und der reaktiven Su-che[64]. Ein aktiver Suchprozeß ist ein von der suchenden Unternehmung, dem späteren Akquisitionssubjekt, ausgehende Aktivität, bei der in analytischer Wei-se, wie gezeigt, geeignete Kandidaten selektiert werden. Träger dieser Aktivität ist entweder das interne Management selbst oder eine extern beauftrage Stelle, dafür stehen Investmentbanken, Wirtschaftsberater, Unternehmensberater, Makler, usw. zur Verfügung.

Demgegenüber ist das passive oder reaktive Suchverhalten zu nennen. Kenn-zeichnend hierfür ist die Auseinandersetzung mit den Akquisitionsmöglichkei-ten erst dann, wenn ein Angebot aus dem Markt an die Firma herangetragen

---

[62] Vgl. ebenda S. 194

[63] Vgl. Jung, W., 1993, S. 65

[64] Vgl. Kinast, G., 1991, S. 34

wird, was üblicherweise durch die genannten externen Stellen oder durch eine Unternehmung selbst erfolgt.[65]

Wichtiger Bestandteil der Suchphase ist die Zusammenstellung eines Akquisitionsteams, dessen Aufgabe es im folgenden sein wird, die Akquisition zu begleiten.

Involviert sein können die Mitglieder entweder vollzeitig oder teilzeitig sowie temporär. Temporär heißt, nur einen bestimmten Teilabschnitt mitverfolgend ohne dauerhaft ein Mitglied des Teams darzustellen.

Alle relevanten Sach- und Funktionsbereiche (Steuer, Technik, Recht, Management, Zentralbereiche, Finanzwirtschaft, Belegschaftsvertretung,...) müssen Bestandteil sein, um einen ausgewogenen Interessenausgleich zu gewährleisten und ein rundherum abgesichertes Akquisitionsergebnis zu schaffen. Gleichzeitig ist auf eine zahlenmäßige Begrenzung der Mitglieder im Vollzeitbereich zu achten, denn Flexibilität und Entscheidungsfähigkeit dürfen nicht beeinträchtigt werden.

Das Team ist als Projektteam zu formieren, d.h. speziell für diesen Zweck abgestellt, vollzeitbeschäftigt (jedenfalls zum Teil mit dem Akquisitionsprojekt, mit einer eigenen Projektstruktur versehen, mit eigenen Fach- und Disziplinarregelungen und eigener Verantwortlichkeit bezüglich Zielerreichung und Budget.

7.3. Beurteilungs- und Detailphase

Die getroffene Auswahl an Kandidaten, die im Übrigen ständig ergänzbar sein muß, um weitere potentielle Objekte, die zusätzlich gefunden werden, gilt es nun zu bewerten und zwar mit der Zielsetzung, den optimalen Kandidaten zu selektieren. Bewertbar sind dabei Kennzahlen, Strukturen und Marktgegebenheiten, darüber hinaus andere Zielgrößen, wie z.B. Discounted-Cash-Flow (DCF) wenn es darum geht, eine reine Finanzanlage zu akquirieren, die ein höhere Rendite erwirtschaften soll als eine Bank an Zins zu zahlen bereit wäre oder als der durchschnittliche Zinsfuß in der erwerbenen Unternehmung beträgt.

Diese Informationen lassen sich nicht aus den Geschäftsberichten allein entnehmen, da diese weniger detailliert sind und nicht immer die volle Realität widerspiegeln, es muß tiefgreifender analysiert werden, möglichst muß man die eigenen, internen Bewertungsansätze auf die anderen Firmen, den Kandidaten übertragen können, um eine wirkliche Vergleichbarkeit zu erreichen. Man begibt sich in eine adäquate Informationsbeschaffung, der Due Diligence.

Die zu verkaufende Unternehmung oder die, deren Teilbereich desinvestiert werden soll, stellt den Interessenten einen sogenannten Data-Room zur Verfügung, in dem sich Geschäftsunterlagen befinden, die eingesehen werden dürfen. Allerdings dürfen diese Unterlagen nicht zu speziell sein, denn noch befindet

---

[65] Anmerkend sei erwähnt, daß die BASF innerhalb von vier Jahren etwa 250 Akquisitionsangebote innerhalb der nordamerikanischen Chemieindustrie erhielt. Vgl. Kinast, G., 1991, S. 34

man sich in einer Konkurrenzsituation und das zur Verfügung stellen von zu detaillierten Informationen kollidiert mit dem Kartellrecht, das den Austausch von Konkurrenteninformationen, durch welchen andere Marktteilnehmer benachteiligt werden könnten, untersagt.

In einem zeitlich begrenzten Rahmen werden nun Informationen gesichtet und zusammengestellt, die hinterher eine Analyse erlauben, die wiederum zur Bewertung des Kandidaten führt.

Darüber hinaus sorgen Audits dafür, ein realistisches Bild zu vervollständigen. Es geht dabei darum, Arbeitsabläufe zu sichten, Mitarbeiter in ihrer Arbeitsweise zu beobachten und den Zustand der Anlagen zu beurteilen. Auch hier ist darauf zu achten, die Einblicke nicht zu intensiv ausfallen zu lassen.

Anschließend, wenn sämtliche Informationen bezüglich der Kandidaten ausgewertet und aufbereitet sind, werden sie den Entscheidungsträgern, dem strategischen Management, präsentiert, die eine Vorauswahl zur weiteren Verfolgung treffen. Eine Non-Binding-Offer (NBO) geht an die sich in der engeren Wahl befindlichen Kandidaten. Diese NBO hat noch keinen verbindlichen Charakter, sie sagt nur aus, daß ein begründetes, festes Interesse besteht, das ernster Absicht ist.

Der Kandidat kann sich in dieser Phase durchaus noch mit anderen Interessenten verständigen und auch weiteren Mitbewerbern den Zuschlag geben, bzw. die Verkaufsabsicht ganz zurückziehen.

7.4. Entscheidungsphase

Die Entscheidungsphase bringt die Festlegung auf einen Kandidaten mit sich, der im Laufe der Untersuchungen als der Adäquateste ermittelt wurde.

In einem letzten Schritt nach der NBO wurde mit den übrigen Kandidaten Verhandlungen geführt, die den Kaufpreis betrafen, den Umfang des zu erwerbenen Bereiches, Überlegungen und Verhandlungen, was aus dem Top-Management wird usw.. Die Binding-Offer schließt die Verhandlungen ab, das akquirierende Unternehmen erklärt verbindliche Modalitäten (wie z.B. des Kaufpreises), die dem veräußernden Unternehmen als Basis der weiteren Verhandlungen dienen.

Da der Partner nun feststeht, ein genaues Bild vorliegt, kann daran gegangen werden, einen Akquisitionsplan zu erstellen, der neben der schon existierenden Vorstellung der Vorteile noch spezifische Synergieerwartungen enthält, die sich auf den konkreten Partner beziehen.

Ein solcher Plan enthält die im folgenden einzuleitenden Schritte, Planzielwerte für die Integration (meist Kennziffern), die nach einem bestimmten Zeitablauf jeweils erreicht werden sollen, erste Regelungen über den weiteren Fortgang der Mitarbeiter.

Ein fester Vertag wird nun ausgestaltet, der alle Modalitäten des Kaufes festlegt, Zusatzvereinbarungen enthält (z.B. Zusagen bestimmten Interessengruppen gegenüber) und die Transaktionsstruktur[66] (Bargeld, Anteile, Zahlungsfristen). Die Zahlungsmöglichkeiten werden ebenfalls an dieser Stelle geklärt, d.h. wie und mit wessen Hilfe finanziert wird.

7.5. Realisationsphase

Die sich anschließende Realisationsphase schließt die Zusammenarbeit mit den externen Partnern ab. Der Vertragsabschluß steht in dieser Phase an und sorgt für den angestrebten Eigentümerwechsel. In dieser Phase laufen auch die Genehmigungsverfahren mit den Behörden, ein mitunter kostspieliges, zeitaufwendiges und nervenaufreibendes Unterfangen, wenn es darum geht, die Kartellbehörden zu überzeugen, denn in Europa muß neben den nationalen Behörden auch auf die europäischen Behörden zugegangen werden. Es kommt nicht selten zum Disput darüber, wie der betroffene Markt und damit der Marktanteil des neuen Konglomerates zu definieren ist und ob sich daraus eine marktbeherrschende Stellung ergibt.

Nach der Zustimmung der Behörden und dem Vertragsabschluß kann nun endlich daran gegangen werden, einen Integrationsplan zu entwerfen, dies war vorher noch nicht möglich, da aufgrund der immer noch vorhandenen Konkurrenzsituation eine, dafür notwendige, enge Zusammenarbeit und tiefergehende Einblicke in die zu erwerbende Gesellschaft nicht erlaubt waren.

Zumeist bezieht sich dieser Integrationsplan auf die Integration von Funktionen, Organisationen, Produktkapazitäten, Ressourcen, EDV-Systemen und dergleichen mehr. Das Humankapital bleibt dabei oftmals unberücksichtigt.

7.6. Integrationsphase

Hierin werden nun alle Bereiche involviert, von der Produktion bis zur Auftragsabwicklung, von der Beschaffung und der anderen Servicebereiche bis zum Marketing muß alles aufeinander abgestimmt werden. Dies geschieht mal mehr mal weniger intensiv, je nachdem, wie stark die Integration sein soll. Der Know-How-Transfer und das Implementieren der Neuerungen sorgt für erhebliche Aufwand und Unruhe.

Der Abschluß des Akquisitionsprozesses auf der internen Ebene erfordert viel Arbeit und sorgt für erhebliche Unsicherheit bei den Mitarbeitern, die sich einer ungewissen Zukunft gegenüber sehen. Die Schaffung eines Integrationsmanagements soll den Ablauf weicher gestalten, den Blick offenhalten für Probleme, die frühe Gegenreaktion in dieser kritischen Phase verhindert tiefgreifende Negativeffekte.

---

[66] Vgl. Steinöcker, R., 1993, S. 47

7.7. Kontrollphasen

Zielerreichungskontrollen sind extrem wichtig, ständig sollten die Planwerte mit den Istwerten/Sollwerten („... das Soll dient im Sinne einer Kontrollgröße als Maßstab für die faktische Zielerreichung.")[67] verglichen werden, Abweichungen sind zu begründen, denn hier liegt der Schlüssel zu einer erfolgreichen Akquisitions- und Integrationsgestaltung. Eine frühzeitige Erkennung von Schwachstellen und Dissonanzen ermöglicht ein frühes Gegensteuern, der Aufwand und Schaden bleibt um so geringer, je früher reagiert werden kann.

Zunächst muß eine sehr intensive Begleitung des Prozesses angestrebt werden, die sich, je nach Größe und Komplexität, nach und nach zu einer sporadischen Nachkontrolle zurückentwickeln kann.

Es bietet sich an, den Bereich Controlling in diesen Prozess zu integrieren, ebenfalls in einer Projektstruktur und zwar als spezielles Akquisitionscontrolling.

Die Phasen 1 – 5 werden innerhalb des Akquisitionsmanagements koordiniert und überwacht. Allerdings kommt es in der heutigen Akquisitionspraxis zu Fehlern, die in der Arbeit von *Willi Leimer*[68] diskutiert werden.

So führt er grundsätzliche Denkfehler an, die in der Praxis dominant sind und sich folgendermaßen darstellen:

Man nimmt häufig an, Probleme seien objektiv gegeben und müssen nach einer klaren Definition lösbar sein, Probleme stellen die Konsequenz einer einzigen Ursache dar, Verhalten ist prognostizierbar und daher einschätzbar, mit der Implementierung einer Lösung kann das Problem als erledigt betrachtet werden.

Diese Vorgehensweise ist zu sachlich und berücksichtigt nicht in ausreichendem Maße die Komplexität, der man sich im Rahmen eines Akquisitions- und Integrationsprojektes gegenüber sieht.

Um Mißerfolg vermeiden zu helfen, schlägt *Leimer*[69] eine Methodik vor, die eine Vorgehensweise charkterisiert, wie an Probleme heranzugehen ist:

1) Probleme sind zunächst aus verschiedenen Blickwinkeln zu betrachten, um eine ganzheitliche Abgrenzung zu erreichen.

2) Probleme bestehen aus verschiedenen Komponenten, die sich interdependent verhalten, was eine Klärung des Beziehungsgeflechts nötig werden läßt.

3) Verhaltensopportunitäten sind zu erarbeiten und zu simulieren, um so Folgen und Erfolg abschätzen zu können.

4) Um Beeinflussungsfaktoren zu erkennen, sind lenkbare (beeinflußbare), nicht lenkbare und überwachende Aspekte zu klären,

---

[67] Vgl. Leimer, W., 1991, S. 201
[68] ebenda S. 13ff
[69] Vgl. Leimer, W., 1991, S.14

es resultiert das zur Verfügung stehende Instrumentarium zur Problembearbeitung.

5) Lenkungseingriffe sind nun so zu wählen, daß sie situationsgerecht und optimal greifen.

6) Die Lösung darf nicht absolut sein, sie muß lernfähig gestaltet werden, um Situationsveränderungen antizipieren zu können.

8. Akquisitionscontrolling

Das Akquisitionscontrolling ist generell, unter den verschiedenen Arten des Controlling, einzustufen als Projektcontrolling im Bereich des Investitionscontrollings.[70] Es ist somit im Zusammenhang eines Projektes zu implementieren (hier: Akquisitionsprojekt) und endet mit der erfolgreichen Beschließung des Projektes.

Controlling ist dabei nicht die simple "Kontrolle" eines Ablaufes, es stellt wesentlich mehr da. Der Controller ist innerhalb des Prozesses eine entscheidende Figur, die sowohl vor als auch nach der Akquisition (intern wie extern) präsent ist. Die Aufgaben, die der Controller als Träger der Funktion Akquisitionscontrolling innehat, werden in einem Artikel der Zeitschrift *Controlling* von *Dr. Werner Hoffmann* und *Dr. Alfred Friedlinger*[71] deutlich.

Zunächst beschäftigt sich der Controller als Akquisitionsteammitglied mit der Bewertung und dem Vergleich der zur Verfügung stehenden Kandidaten anhand von vorher definierten Wunschprofilen. Dabei hat der Controller keine Kompetenzen oder Verantwortungen, er ist eine rein unterstützende Stelle, die zur Verfügung gestelltes, teils auch selbst zusammengestelltes, Material prüft und den Entscheidungsprozess unterstützt und vorbereitet, "...die Ergebnisverantwortung wird von der zuständigen Führungskraft getragen, der Controller unterstützt dabei und hat sicherzustellen, daß die Managementinformation ordnungsgemäß erfolgt und Ergebnistransparenz besteht."[72] Er bewertet alle betriebswirtschaftlichen Belange und selektiert den am besten geeigneten Kandidatenkreis aus, dies in Zusammenarbeit mit dem Akquisitionsteam.

Damit ist der Controller bestens informiert über den Kandidatenkreis und nimmt auch an den Due Diligence teil, dem Prozess, der eine vertiefte Informationsgewinnung über die Kaufkandidaten geben soll und die Werthaltigkeit der Objekte eruiert.

Nach der Akquisition ist der Controller aufgrund seiner Fachkenntnisse bezüglich des Auswahlprozesses wiederum Mitglied des Integrationsteams, wo ihn ein erheblicher Arbeitsaufwand erwartet.

---

[70] Vgl. Franke, R., Kötzle, A., 1995, S. 171

[71] Vgl. Hoffmann, W., Friedlinger, A, S. 20 – 28 in *Controlling*, Heft 1/1998

[72] Vgl. Eschenbach, R., 1994, S. 352

Wie *Friedlinger* und *Hoffmann*[73] vorschlagen, sollte die Integration unter „Federführung" des Controllers ablaufen, so daß eine systematische Erschließung der Potentiale ermöglicht und vorangetrieben wird.

Der Controller besitzt eine Sonderstellung, da er nicht nur die Grundstrategie seiner Unternehmung kennt, sowie die Überlegungen und Zielsetzungen, die zum Kauf des Kandidaten führten, sondern er hat auch Kenntnisse aus der Akquisitionsphase und der Due Diligence über das erworbene Unternehmen gewonnen, so daß er die Koordinierungs- und Integrationsarbeit am besten leisten kann, denn er weiß, was wie aufeinander abgestimmt werden soll und muß. Er unterstützt die Angleichung der EDV-Systeme, die er aufgrund seiner täglichen Arbeit ebenfalls hervorragend kennt und er treibt, durch einen sinnvollen Angleich der Organisationen und der Abläufe, die optimale Synergieentfaltung voran.

Er kann dabei durchaus nicht nur führungsunterstützend eingesetzt werden, sondern auch führungsergänzend, d.h. mit projektbezogenen Kompetenzen ausgestattet werden, die ihm Entscheidungsbefügnis und Verantwortung einräumten.

Das Akquisitionscontrolling an sich, dessen Träger der Controller ist, hat die Aufgabe, Risiken zu minimieren, Früherkennung zu leisten, um bereits im anfänglichen Stadium negativen Entwicklungen entgegenzutreten und Fehlentscheidungen im Investitionsentscheidungsprozess zu vermeiden.

Damit ist das Akquisitionscontrolling ab dem ersten Schritt (siehe Diagramm zu Beginn des Kapitels, Phase 1- 7) involviert und bleibt es bis zum vollständigen Abschluß, ja ist sogar allein zuständig, wenn es um das zyklische Nachkontrollieren geht.

Akquisitionserfolg hängt auch von den generellen Faktoren ab, die die Akquisition beeinflussen. Solche Faktoren sind:

---

[73] Vgl. Hoffmann, W., Friedlinger, A, S. 26 in *Controlling*, Heft 1/1998

```
┌─────────────────────────────────────────────────────────────┐
│  Unternehmensexterne Einflüsse                               │
│  ┌───────────────────────────────────────────────────────┐  │
│  │  Unternehmensinterne Einflüsse                         │  │
│  │  ┌─────────────────────────────────────────────────┐  │  │
│  │  │ ┌──────────────┐                                 │  │  │
│  │  │ │ Strategischer│   ┌──────────────┐              │  │  │
│  │  │ │ Erfolg       │   │ Planung und  │              │  │  │
│  │  │ └──────────────┘   │ Durchführung │              │  │  │
│  │  │                    └──────────────┘              │  │  │
│  │  │     ┌──────────────────┐  ┌──────────────┐       │  │  │
│  │  │     │ Akquisitionserfolg│  │ Akquisitions-│       │  │  │
│  │  │ ┌───┴──────────┐ ┌──────┴──┐│ controlling │       │  │  │
│  │  │ │Integrationserfolg││Finanzieller│└──────────────┘ │  │  │
│  │  │ └──────────────┘ │/ökonomischer│                  │  │  │
│  │  │                  │ Erfolg      │                  │  │  │
│  │  │                  └─────────────┘                  │  │  │
│  │  └─────────────────────────────────────────────────┘  │  │
│  └───────────────────────────────────────────────────────┘  │
└─────────────────────────────────────────────────────────────┘
```

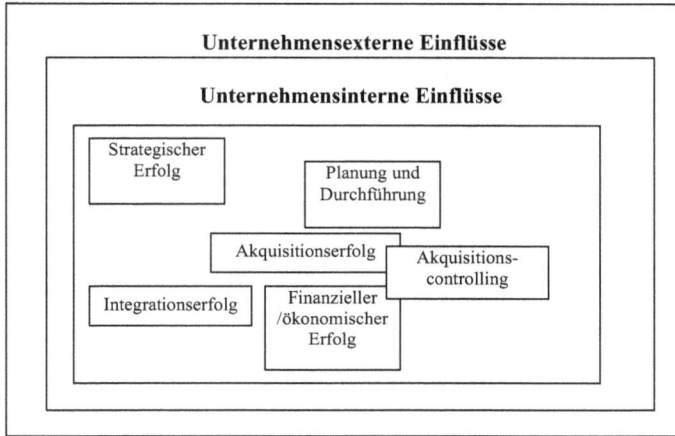

Abb. 4 Einflußfaktoren des Aquisitionserfolges[74]

Erfolg bedeutet allgemein, daß ein avisiertes Ziel erreicht wurde. Dies sind nicht zwangsläufig immer genau meßbare und quantifizierbare Kriterien (ROI, Umsatz, Cash-flow, usw.), sondern auch solche, die man allgemein formulieren muß oder kann (Zufriedenheit, Kundenakzeptanz).

Der Integrationserfolg kann daher teilweise nur aufgrund von angestrebten Änderungen oder Wünschen, die in Erfüllung gingen, abgelesen werden.

Ökonomischer Akquisitionserfolg läßt sich dagegen anhand finanzwirtschaftlicher Kennzahlen planen, kontrollieren und messen. Eine Analyse der Bilanz und der Gewinn- und Verlustrechnung reicht schon aus, wenn sie vor und nach der Akquisition verglichen werden.

Die Integration selbst läßt sich beurteilen im Hinblick auf Effektivität (inwieweit sich geplante Zielzustände mit dem Ist- und Sollzustand decken), Zeitaspekte (zeitliche Länge) und der Kosten, die der Prozeß verursacht hat, denn die Integrationskosten sind wesentlicher Bestandteil zur Beurteilung, ob sich der Kauf (die Integrationskosten werden mit den Akquisitionskosten zu den Gesamtprozesskosten summiert) letztendlich als lohnenswert herausstellt.

Eine nicht zu unterschätzende und deshalb in jedem Fall zu planende und zu überwachende Größe sind die Akquisitionskosten, die, bei nötigem und erbrachten Aufwand, sehr hoch ausfallen können. Die Akquisition des EDV-Herstellers Nixdorf vom Siemens-Konzern kann als erfolgreich angesehen werden, verursachte aber allein an Integrationskosten mehr als 100 Millionen DM.[75]

---

[74] Eigene Darstellung
[75] Vgl. Maier, 1991, S. 68

Das Akquisitionsteam und darin speziell der Controller müssen, wenn es um die Kandidatenselektion geht, dem strategischen Management, z.b. dem Vorstand, als wichtige Information auch den Kaufpreis und darüber hinaus die anzunehmenden Kosten nennen. Schon vor der Non-Binding-Offer muß Klarheit darüber bestehen, was an Kosten verursacht wird, weil das strategische Management eine zunächst intern verbindliche Zu- oder Absage erteilen soll, ob das Projekt fortgeführt wird. Daher sind auch die Akquisitions- und Integrationskosten auf einer vernünftigen, soliden Basis zu planen. Der erstellte Plan dient hinterher der Kontrolle und bietet die Möglichkeit, die Ist-Werte mit dem Plan und den Sollwerten zu vergleichen, damit Abweichungen analysiert und Verantwortlichkeiten zugeordnet werden können.

Akquisitionskosten sind in diesem Zusammenhang all diejenigen Kosten, die direkt mit der Transaktion in Verbindung gebracht werden, wie z.b. Übernahme, Finanzierungskosten, Beratungskosten, Dienstleistungskosten, Notarkosten, Steuern auf Veräußerungsgewinne.

Integrationskosten sind Folgekosten der Akquisition und entstehen zum größten Teil intern. Beispiele sind Restrukturierungskosten (Entlassungen, Sozialpläne), Anpassungskosten, Weiterbildungskosten.

Kontrolle, die durch das Akquisitionsteam zu leisten ist, stellt sich nach *Steinmann/Schreyögg*[76] wie folgt dar:

Prämissenkontrolle

Durchführungskontrolle

Strategische Überwachung

Bei der Prämissenkontrolle werden ständig die dem Akquisitions- und Integrationsplan zugrunde liegenden Grundannahmen (Prämissen) auf ihre aktuelle Gültigkeit hin überprüft. Zum Beispiel können sich aufgrund der Integration Marktverhältnisse geändert haben, die nun eine andere Situation präsentieren, interne Ressourcen könnten unrichtig eingeschätzt worden sein.

Dazu gilt es Planwerte (Meilensteine) und Schwellenwerte festzulegen, die alarmierend wirken können.

Die Durchführungskontrolle ist eine Ablaufkontrolle, in der der tatsächliche Fortgang der Akquisition oder Integration abgeglichen wird mit dem zugrunde liegenden Plan. Dazu stehen die Ergebniskontrolle und die Planfortschrittskontrolle[77] zu Verfügung.

Der Ergebniskontrolle ist eine retrospektive Kontrolle, sie richtet sich auf Vergangenheitswerte und ist operativer Natur. Ergebniserfolg wird mit Hilfe einer Soll/Ist-Analyse gegenüber den Planwerten ermittelt. Nachteilig ist daran, das

---

[76] Vgl. Steinmann, H., Schreyögg, G., 1990, S. 202 – 206, siehe auch: Hase, S., 1996, S. 212 - 218

[77] Vgl. Hahn, D., 1990, S. 659 – 661, Kreikebaum, H., 1993, S. 60ff, Steinmann, H. , Schreyögg, G., 1990, S. 202 - 209

zwar eine Korrektur vorgenommen werden kann, dies aber nur reaktiv, d.h. eine Abweichung existiert bereits, verursachter Schaden kann nicht rückgängig gemacht werden sondern nur in Zukunft vermieden werden.

Strategischer und zukunftsgerichteter und damit aktiver Natur ist die Planfortschrittskontrolle, die gleichzeitig zum Tagesgeschäft den Blick in die Zukunft richtet und prüft, ob Planziele erreicht wurden, die in Form von Etappenzielen zur Verfügung stehen. Auf Basis der erreichten Etappenziele werden Aussagen darüber getroffen, wie der weitere Ablauf der Planrealisierung sein wird, es entsteht ein Prognosesystem, das mit einem *Wird/Soll-Vergleich*[78] umschrieben werden kann. Frühzeitige Erkennung sichert so die Möglichkeit der Gegenmaßnahme und Schadenvermeidung.

Die strategische Überwachung ist eine nicht objektbezogene Kontrollfunktion. Prognosen der Zukunft bezüglich interner Werte (Ressourcen) und externer Werte (Marktveränderungen) werden sondiert und es wird versucht, bereits im Ansatz steckende Veränderungen zu erkennen. Entstehende Risiken oder Opportunitäten können im Idealfalle sehr frühzeitig antizipiert werden.

Die strategische Überwachung begleitet den gesamten Prozeß und beeinflußt alle Teilbereiche und liefert Ergebnisse und Informationen, die entweder neu aus dem Markt kommen oder im Rahmen der Prämissenkontrolle übersehen wurden, zudem korrigiert sie falsch eingeschätzte Variablen.

Zu solchen Falscheinschätzungen muß es kommen, sie sind nicht vermeidbar, da einerseits unvorhergesehen Aspekte eintreten können, andererseits ein sehr großer Infomationsberg zu bearbeiten ist, *Willi Leimer*[79] charakterisiert dies mit den Worten:

> *Die zur Akquisition stehende Unternehmung kann im Sinne einer nicht-trivialen Maschine niemals geöffnet und im Detail analysiert werden. Da nicht triviale Maschinen von der Vergangenheit abhängig, analytisch nicht bestimmbar, analytisch nicht vorhersagbar und nur synthetisch determinierbar sind, ist eine Nichtreduzierbarkeit ihrer Komplexität anzuerkennen. Mit der analytischen Unbestimmbarkeit gehen notwendigerweise Unvollständigkeit, Unsicherheit und Unbestimmtheit für das Fällen des Kaufentscheides einher.*

Akquisitionscontrolling soll helfen, Fehlentscheidungen und Unbestimmtheit auf ein Mindestmaß zu reduzieren; daß aber die einhergehende Komplexität zur unvollständigen Beschreibbarkeit und damit zu uneindeutiger Planung führt, die zu dem noch einer Dynamik unterliegt, darüber muß Klarheit bestehen.

---

[78] Vgl. Hahn, D., 1990, S. 660
[79] Vgl. Leimer, W., 1991, S. 180

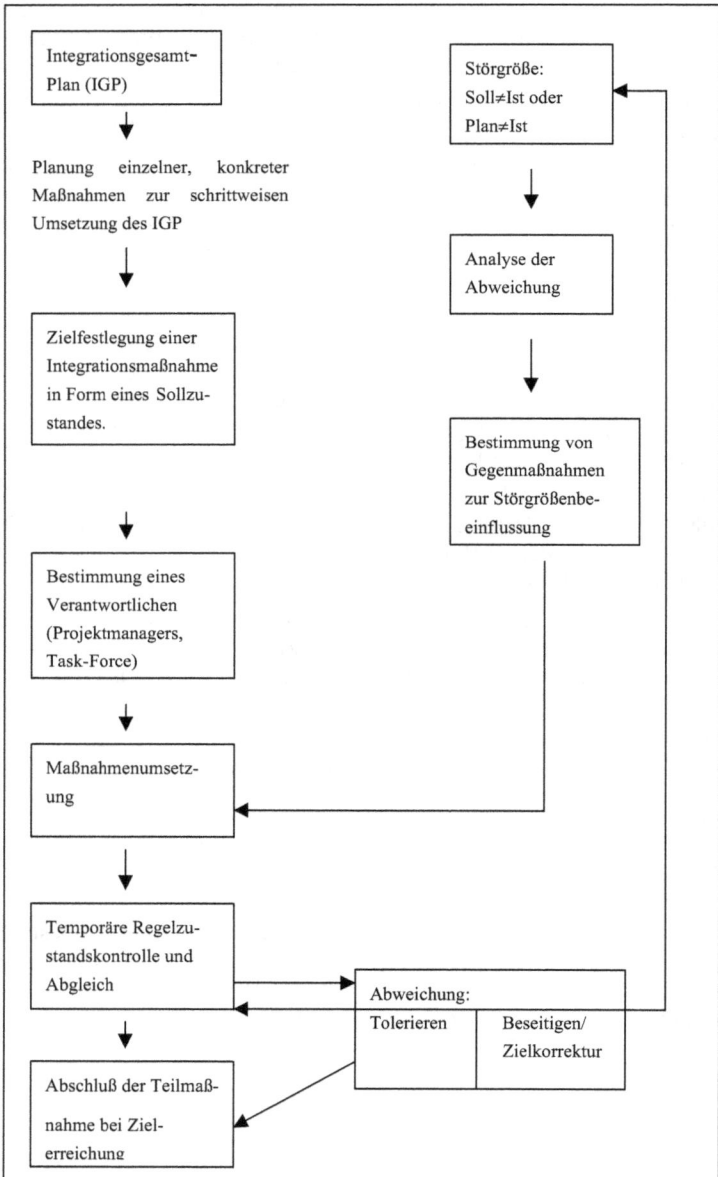

Abb. 5 Ablaufschema des Integrationsmanagements[80]

---

[80] Eigene Darstellung in Anlehnung an Ott, J., 1990, S. 192 und Bauer, W., 1988, S. 122

II. Integrationsmanagement

Den Abschluß einer Akquisition stellt der, interne, integrative Teil dar, der Integrationsprozess, der für die Einbindung des erworbenen Objektes in die erwerbende Unternehmung steht.

Hase[81] bezeichnet den Integrationsprozeß: „...allgemein als multioperationale, multitemporale und multipersonale Problemlösungs- und Entscheidungsprozesse."

Gerpott versteht in seiner Arbeit die Integration als:

- hauptsächlich vom erwerbenden Unternehmen (= Integrationsinitiator) vorangetriebener evolutionärer Prozeß

- primär über Interaktionen (= Integrationsmittel) der Mitarbeiter des Akquisitionssubjektes und –objektes

- immaterielle Fähigkeiten/Know-how bei beiden Unternehmen beeinflußt und zwischen ihnen übertragen werden sowie

- Veränderungen in der Nutzung materieller Ressourcen zumindest beim Akquisitionsobjekt herbeigeführt werden,

- Um durch die Akquisition eröffnete Potentiale zur Steigerung des Gesamtwertes beider Unternehmen zu realisieren.[82]

Zunächst kommt der Planung, als Vorwegnahme zukünftigen Handelns, eine wesentliche Bedeutung zu, um den Erfolg zu gewährleisten. Die Funktion, die tatsächlich operativ für die Umsetzung der Integration zuständig ist, kann als Integrationsmanagement verstanden werden, der Träger kann ein Integrationsmanager oder ein Integrationsteam sein. Der Begriff Integrationsmanagement kann auch als Integrational Management oder als Post-Acquisition-Management (PAM) verstanden werden.[83] Die allermeisten Firmen kennen ein Integrationsmanagement oder einen Integrationsmanager nicht, d.h. sie benennen diese nicht explizit, aber implizit müssen sie vorhanden sein, denn es gibt, gerade in letzter Zeit, zahlenmäßig viele Akquisitionen, die auch integriert werden müssen. Aber genau da liegt das Problem:

Es ist leider zumeist so, daß ein Integrationsmanagement nicht nur nicht formuliert ist, es wird auch genauso undurchsichtig in der Praxis behandelt. Nach der Akquisition wird die Integration sich selbst überlassen und kann daher nicht effektiv greifen und unterstützen. Es kann daher vermutet werden, daß die hohe Zahl der nicht erfolgreichen Akquisitionen durch ein eingeführtes Integrationsmanagement, daß im folgenden aus der Sicht der Literatur dargelegt werden

---

[81] Vgl. Hase, S., 1996, S.58

[82] Vgl. Gerpott, T., 1993, S. 115

[83] Vgl. z. B. Nupponen, P., 1995, S.52, Datta, J., 1991, S. 45, Nahavandi und Malekzadeh, 1988, S. 72

soll, erfolgreicher gestaltet werden kann, da der Prozeß der Integration bewußter, teils sogar dadurch erst bewußt, ablaufen kann.

Planung des Integrationsprozesses:

Die Integration stellt sich zunächst als ein komplexes Problem dar, dem die Frage zugrunde liegt: Wie überführe ich meinen Neuerwerb möglichst zeitoptimal, kostenminimal, synergierealisierend und qualitativ hochwertig in mein bestehendes Unternehmensgefüge?

Dazu steht dem strategischen Management des Integrationssubjektes anfänglich die Beschäftigung mit vier Grundüberlegungen, von denen alles weitere ausgeht, zu Verfügung[84]:

- Integrationsgrad
- Integrationszeitpunkt
- Integrationsteam
- Integrationsaktivitäten

Der Integrationsgrad, um zunächst eine allgemeine Annäherung an die Begriffe zu finden, gibt an, wie weitreichend integriert wird; Integrationszeitpunkt definiert, wann innerhalb des Ablaufes des Akquisitionsprozesses die Integration selbst starten soll, daß muß nicht notwendigerweise die Phase 6 sein; Integrationsteam soll zunächst klären, ob ein einzelner Integrationsmanager (intern oder extern bestellt) für die Integration verantwortlich sein soll oder ob man sich mit der Zusammenstellung eines Integrationsteams auseinandersetzt; Integrationsaktivitäten schließlich definieren allgemein, die operative Umsetzung leitet sich daraus ab, welche Ziele grob mit welchen Aktivitäten erfüllt werden sollen.

1. Integrationsgrad

Der Umfang der Einbindung in das kaufende Unternehmen wird allgemein in der Literatur als Integrationsgrad bezeichnet. Es ergeben sich diesbezüglich drei Möglichkeiten[85]:

- Autonomie/ Erhaltung/Separierung/Stand-alone-Position
- Partielle Integration/ Symbiose/Konzernierung/partielle Integration
- Vollständige Integration/Absorption[86]/Fusionierung[87]/vollkommene Übernahme[88]

---

[84] Vgl. Hase, S., 1996, S. 59

[85] Vgl. Ansoff, H., Brandenburg, R., Porter, F., Radosevich, R., 1971, S. 36 ff, Scheitner, 1989, S. 122 – 124, Steinöcker, R., 1993, S. 106 – 112.

[86] Kursiv: Entspricht der Begriffsverwendung von Haspeslagh und Jemison, 1992, S. 173 - 178

[87] Kursiv: Entspricht der Begriffsverwendung von Ott, J., 1990, S. 175ff

[88] Kursiv: Entspricht der Begriffsverwendung von Steinöcker, R., 1993, S. 106ff

Im Falle der Autonomie bleibt das Akquisitionsobjekt vollständig erhalten und arbeitet souverän weiter, Integrationsaktivitäten gibt es nahezu nicht, allenfalls eine EDV-Vernetzung (Konzernabschlußerleichterung, usw.) oder Managertausch finden statt sowie die juristisch erforderlichen Grundmodalitäten. Es findet demnach nur eine juristische Übernahme statt.

Bei der partiellen Integration werden einzelne, ausgesuchte Teilbereiche integriert. Sinnvoll ist dies z.b. bei Zentralbereichen wie Rechnungswesen, Beschaffung, Controlling und Finanzen, also die administrativen und /oder einigen operativen Bereichen. Man kann sagen, daß die Beeinflussung und Integration der administrativen Bereiche einer Kontrolle dient und die Integration der operativen Bereiche eher der Realisierung von Wettbewerbsvorteilen im Unternehmensverbund. In der weitgehendsten Folge der partiellen Integration kommt es zur Bildung gemeinsamer, *gemischter Abteilungen*[89].

Die partielle Integration ist, laut einer Studie des IMC[90], die am meisten angewandte Form der Integration im US-Markt (z.b. durch Nestlé, Rhóne-Poulenc und General Electric).

Die vollständige Integration schließlich bedeutet eine komplette, umfassende Eingliederung des Akquisitionsobjektes in das Akquisitionssubjekt, die wirtschaftliche wie rechtliche Souveränität der erworbenen Unternehmung geht verloren. Diese Form bedeutet den maximalen Aufwand und erfordert in höchstem Maße einen dezidierten Integrationsplan. Da eine vollkommen neue Struktur der künftigen unternehmerischen Aktivitäten implementiert werden muß, ist dies „...der schwierigste, aber auch langwiedrigste Weg der Integration".[91]

Da erhebliche Kenntnisse des Marktes und der Strukturen erforderlich sind, findet man die vollumfängliche Integration oftmals in Fällen, bei denen sich die akquisitionsbeteiligten Unternehmen homogen und produktprogrammähnlich gegenüberstehen. Aus völlig verschieden Märkten kommend, z.B. bei Finanzanlagen großer Konzerne, findet meist nur die partielle, eher noch autonome Integration statt.

Bestehen Unsicherheiten, inwieweit zweckmäßigerweise integriert werden sollte, oder möchte man seine Entscheidung grundlegend bestätigen, dann bietet die Unternehmensberatung *McKinsey*[92] eine Matrix, die zum einen den Grad der Überschneidung und zum anderen das Restrukturierungspotential der erworbenen Unternehmung als Determinanten berücksichtigt. Der Grad der Überschneidung bezeichnet, inwieweit sich eine Kongruenz zwischen Käufer und dem Gekauften ergibt, was die Geschäftsaktivitäten betrifft. Restrukturierung heißt einerseits, inwieweit die Neuerwerbung angepaßt werden muß, damit sich ver-

---

[89] Vgl. Ott, J., 1990, S. 176

[90] Vgl. IMC, Business Communication, 1990

[91] Vgl. Steinöcker, R., 1993, S. 110

[92] Vgl. Foote und Suttie, 1991, S. 122

gleichbare Strukturen ergeben und andererseits könnte sich der Bedarf zur Sanierung ergeben, hier ist natürlich von Interesse, wie hoch der zu betreibende
Aufwand sein muß.

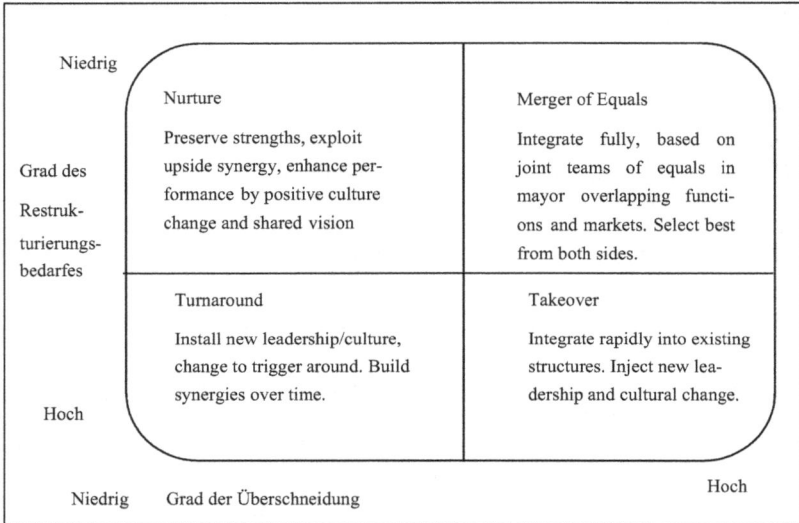

	Niedrig		
	Nurture	**Merger of Equals**	
Grad des Restruk- turierungs- bedarfes	Preserve strengths, exploit upside synergy, enhance per- formance by positive culture change and shared vision	Integrate fully, based on joint teams of equals in mayor overlapping functi- ons and markets. Select best from both sides.	
	Turnaround	**Takeover**	
Hoch	Install new leadership/culture, change to trigger around. Build synergies over time.	Integrate rapidly into existing structures. Inject new lea- dership and cultural change.	
Niedrig	Grad der Überschneidung		Hoch

Abb.6 Matrix des Integrationsgrades

"Turnaround" präsentiert ein Profil, bei dem weder die Überlappung eine große
ist noch die Gesundheit besonders gut ist. Das Akquisitionssubjekt muß sein
Managementsystem übertragen, denn das scheint erfolgversprechender zu sein,
als das, welches bisher bei der übernommenen Unternehmung vorherrschte, zudem gibt ein kräftiger Sanierungsbedarf ohnehin die Notwendigkeit zu Veränderung, um zukünftig erfolgreich zu sein. Die Mitarbeiter der akquirierten Unternehmung stehen im Regelfall dem Kauf und den Änderungen positiv gegenüber
oder sind zumindest neutral.

Die Veränderungen, die anstehen, sind erheblich, die geforderte Flexibilität ist
ebenso hoch anzusiedeln.

"Nurture" heißt zwar auch, niedrige Kompatibilität mit dem Käufer, aber die
Grundstruktur ist solider als beim "Turnaround". Somit müssen die Stärken ge-
stärkt und die Schwächen beseitigt werden.

Auf jeden Fall sollte die zugekaufte Unternehmung nicht sich selbst überlassen
werden, denn die positiven Ansätze könnten vergeben werden, erst die punktu-
elle Unterstützung, wenn keine Vollintegration angestrebt wird, sorgt für eine
rundherum erfreuliche Akquisition.

"Merger of Equals" ist der beste anzunehmende Fall, Gesundheit und Zusammenpassen sind maximal, es ergeben sich beste Möglichkeiten, zusammen den

Rest des Marktes zu schwächen und sich dominant durchzusetzen. Erst die vollständige Integration, die Zusammenlegung vor allem der Zentralbereiche schafft Synergien, deren Potential hier am größten ist.

"Takeover" ist die Situation, daß der Grundzustand der erworbenen Unternehmung nicht optimal ist aber eine hohe Kongruenz zwischen den Parteien besteht, die schnelle Eingliederung ersetzt die Verbesserung bestehender Systeme bei dem Akquisitionsobjekt und wird statt dessen ersetzt durch eine Implementierung der bereits erfolgreichen Systeme der erwerbenen Unternehmung.

Joachim Ott[93] stellt in seiner Arbeit eine Beziehung zwischen Integrationsgrad und Akquisitionstyp her, die zu den Begrifflichkeiten der

- Linear-Akquisition
- Radial-Akquisition
- Axial-Akquisition
- Autonom-Akquisition

gelangt.

1.1. Linear-Akquisition

Eine Linear-Akquisition ist nach *Ott* die strategisch ausgerichtete Akquisition, in der es darum geht, ein zielgerichtetes, kontrolliertes Unternehmenswachstum zu intensivieren, daß in Form und Umfang allein nicht oder nicht so schnell möglich ist. Dabei kommt es innerhalb der beiden Wertketten auf weitgehende Übereinstimmung an, damit ein Zusammenpassen die Basis für eine schnelle Integration gibt, es zu wenigen oder kaum zu erwartenden formellen Anpassungsproblemen kommt. Da es zu einer Verstärkung eines bestimmten Geschäftsbereiches oder Unternehmensteiles kommen soll, ist die Integration sehr weitreichend.

1.2. Radial-Akquisition

Die Radial-Akquisition ist von einer nur teilweisen Kompatibilität der Wertketten bestimmt, da die Intension eine Ausweitung der traditionellen Unternehmensaktivitäten des Akquisitionssubjektes ist. Nicht Stärkung allein ist beabsichtigt, sondern auch die Diversifikation.

Mit einer partiellen Integration wird erreicht, daß eine gegenseitige Bereicherung stattfindet, die teilweise autonome Weiterführung sichert auch für die Zukunft den Erfahrungstransfer.

---

[93] Vgl. Ott, J., 1990, S. 177 - 178

1.3. Axial-Akquisition

Axial-Integration heißt, daß Geschäftsaktivitäten durch eine Akquisition in einer vertikale Stoßrichtung vorangetrieben werden, d.h. vor- beziehungsweise nachgelagerte Produktionsstufen hinzu kommen und sich die Unabhängigkeit erhöht, die Wertschöpfungskette verlängert wird. Man kann die Integration relativ autonom gestalten, das Zulieferer- oder Abnehmerverhältnis beibehalten; genauso ist aber eine totale Integration möglich, je nach dem, was intendiert oder gewünscht wird.

1.4. Autonom-Akquisition

Die Autonom-Akquisition beinhaltet die Expansion bestehender Geschäftsfelder in völlig neue Bereiche, die vormals fremd waren und jenseits der bisherigen Tradition liegen. Die Diversifikation hin zu einem neuen Standbein wird damit erreicht, was einerseits ein umfassenderes Angebot für den Kunden bedeuten kann, aber auch andererseits die Absicherung des Geschäftes durch hochprofitable Teile, die möglicherweise im Idealfall noch Economies of Scale und Scope ermöglichen (Nutzung der bestehenden Verkabelung zur Transportierung von Daten, wie z.B. durch die RWE, die in die Telekommunikation eingestiegen ist und so neben der besseren Auslastung noch weitere Anwendungsfelder gefunden hat.)

2. Integrationszeitpunkt

Wann mit den Aktivitäten der Integration begonnen werden sollte, ist unterschiedlich. Bei einer vollständigen Integration ist damit so früh wie möglich zu beginnen, um einerseits keine Zeit zu verlieren und andererseits einer Verunsicherung der Mitarbeiter entgegenzuwirken. Der Weg zu einer erfolgreichen physischen Integration geht für *Nupponen* nur über die vorherige organisatorische, d. h. die Menschen zusammenführende, Integration:

> „...*the need to commit the employees and motivate them to achieve the goals of the acquisition before physical integration begins. In other words, the implementation of organizational integration is a pre-requisite for successful physical integration.*"[94]

So früh wie möglich heißt, daß schon erste Maßnahmen nach der "Binding-Offer" generiert werden sollten, um nach der Vertragsunterzeichnung und Erlaubnis der Behörden sofort beginnen zu können.

Bei einer eher schwach geplanten Integration, wo auch der Aufwand wesentlich geringer ist, reicht ein späteres Einsetzen nach dem Vertragsabschluß aus, wobei man sich auch hier nicht zuviel Zeit lassen sollte aus Gründen, die noch Gegenstand der Betrachtung werden.

---

[94] Vgl. Nupponen, P., 1990, S. 45.

Nupponen[95] weißt eindringlich auf die Gefahr der zu späten Implementierung der Integration hin und auf die Problematik, sich zu sehr auf die Absicherung des Tagesgeschäftes zu konzentrieren oder den Blick auf die Synergierealisierung zu richten: „Often the acquirers focus to soon and too directly on the synergies. Our proposition is that creating value according to the real profit potencial requieres good effort and quality in the management.", und: „...that the first integration actions be taken immediately after the acquisition announcement, if not before."

Als Zeitdauer der Integration bezeichnet man die Zeitdauer zwischen der offiziellen Bekanntgabe der Unternehmensakquisition und der Beendigung der Integrationsmaßnahmen.[96] Grundsätzlich ist die Unterscheidung in eine langsame und eine schnelle Integration notwendig, die Grenze zwischen beiden ist nicht klar zu ziehen, denn je nach Komplexität und Kongruenz dauert eine Integration mal kürzer mal länger.

Langsam kann eine Integration genannt werden, wenn sie schrittweise erfolgt, beispielsweise weil dies bevorzugt wird oder aber weil Detailinformationen für sachgerechte Entscheidungen noch nicht zur Verfügung stehen[97], eine bessere Vertrauensbasis über die Zeitachse entstehen soll oder überhastete Entscheidungen vermieden werden sollen[98]. Eine Integration kann so durchaus einige Jahre in Anspruch nehmen, *Caytas/Mahari*[99] sehen als Sollvorgabe fünf Jahre, *Scheiter*[100] nennt, nach Expertenaussagen, einen Zeitraum für langsame Integrationen von 18 Monaten. *Ansoff, Brandenburg, Porter, Radosevich*[101] haben in ihrer Untersuchung festgestellt, daß 75% aller Integrationen weniger als zwei Jahre dauern.

Eine langsame Integration sei eine Äußerung von Konzeptlosigkeit und treibe die Kosten in die Höhe[102] meinen einige Autoren, *Steinöcker*[103] geht sogar soweit, zu behaupten, daß 80% aller Unternehmensakquisitionen daran scheitern, daß der Integrationsverlauf zu langsam ist.

Trotz der Schwierigkeit der Festlegung der Zeitspannen, stimmt der Autor mit *Hase*[104] überein, wenn gesagt wird, daß eine Integration bis zu einem Jahr erfolgt, als eine schnelle Integration bezeichnet werden kann. Für eine schnelle Integration sprechen weiterhin Gründe wie die Vermeidung einer zu großen

---

[95] Vgl. Nupponen, P., 1995, S. 58 und 59

[96] Vgl. Hase, S., 1996, S.122

[97] Vgl. Fischer, 1990, S. 147ff, Frank, G., 1993, S. 142.

[98] Vgl. Ott, J., 1990, S. 179

[99] Vgl. Caytas, Mahari, 1988, S. 308

[100] Vgl. Scheiter, 1989, S. 134

[101] Vgl. Ansoff, H., Brandenburg, R., Porter, F., Radosevich, R., 1971, S. 38 ff

[102] Dies ist die Ansicht diverser Autoren: Freund, W., 1991, S.494, Gerpott, T., 1993, S.455, Haspeslagh/Jemison 1992, S. 187.

[103] Vgl. Steinöcker, R., 1993, S. 122

[104] Vgl. Hase, S., 1996, S. 123

54

Verunsicherung und Konfusion, Führungsverhältnisse schnell klar werden und erwartete Änderungen zügig eintreten und Professionalität vermitteln.[105]

3. Integrationsteam

Bei kleineren Projekten, die überschaubar sind, läßt sich der Einsatz nur eines Integrationsmanagers gut vertreten. Bei großen Aufgaben mit vielen betroffenen Mitarbeitern ist es ratsam, ein Team zu bilden, das nicht synonym mit dem Akquisitionsteam sein sollte, den in der Integration bekommt der Faktor "Mensch" eine signifikante Relevanz. Psychologisch feinfühlig muß hier mit den Mitarbeitern umgegangen werden, eine rein aus Sachlichkeit bezogene Arbeit wie in der Akquisitionsphase, wäre hier nicht hilfreich, würde sogar destruktiv wirken. Die Beratungsgesellschaft McKinsey bewertet die Bildung eines geeigneten Managements in diesem Bereich sicherlich nicht zu unrecht als "schlüsselrelevant".[106] Ein solches Integrationsteam ist in der Praxis auch bekannt als Lenkungsauschuß, Synergieausschuß, Projekteam der Integration, Steering Committee und dergleichen mehr.

Aufgabe des Teams ist „...die Erarbeitung und Planung verschiedener Maßnahmen zur Ein- und Angliederung der Unternehmung sowie der Integrations- und Erfolgskontrolle."[107]

"However, there had to be a link man, someone who was in the negotiating team and the implementation team. In 85 % of cases a clar link man was identifiable."[108] Dies erscheint auch sinnhaftig, denn einen unkoordinierten Haufen, den man Integrationsteam nennt, kann es ja nicht geben, eine Person muß koordinierend und übergeordnet leiten. Diese Person soll hier als Integrationsmanager bezeichnet werden. Befragt man die Firmen in der Praxis, so gab in der Erfahrung des Autors niemand an, einen solchen Integrationsmanager explizit ernannt zu haben[109], d.h., dieser Manager befand sich aufgrund der hierarchischen Struktur in Amt und Würden, ein Manager wurde als zuständig benannt und ohne die normale Organisation aufzulösen, für das Projekt als temporär außer kraft gesetzt erklärt, wurde dieser Manager aufgrund der organisatorisch höchsten Position verantwortlich.

Den Rest des Teams sollten nicht mehr als 3 – 5 Personen bilden[110], damit, wie bereits erwähnt, die Flexibilität und die Entscheidungsfreudigkeit (angemessener Zeitbedarf für eine Entscheidungsfindung) erhalten bleiben. Ein von Ott vorge-

---

[105] Vgl. Ott, J., 1990, S. 179

[106] Vgl. Hase, S., 1996, S. 67

[107] Vgl. Ott, J., 1990, S. 187

[108] Vgl. McKinsey and Bain & Company, Fundstelle: Hase, S., 1996, S.67

[109] Gerpott (1993, S. 349) stellte aber fest, daß der Integrationsmanager, als Gesamtverantwortlicher für eine Integration, offenbar an Bedeutung gewann, denn 1983 Betrug der Anteil der Eingesetzten laut einer Studie von Möller (W.P, 1983, S. 279) 10% nunmehr sind es 57%.

[110] Vgl. Jung, 1993, S. 378, Hunt, J. /Less, S. /Grumbar, J. und Vivian, P., 1987, S. 23

schlagenes „Funktionigramm"[111] sollte festlegen, wer welche Aufgaben innehat und wer Entscheidungen trifft, dieser Leiter des Integrationsteams muß mit Kompetenzen derart ausgestattet sein, daß seine Weisungen innerhalb des Integrationsteams zügig durchgeführt werden und kritische Situationen durch sein Veto beigelegt werden.

Zudem bietet es sich an, eine externe Stelle zu bemühen, eine Person, die die Rolle des Harmonisierers spielt und als neutrale Stelle zur Verfügung steht. Mit Erfahrung im Bereich der Integration können mit ihr knifflige Situationen und Fragen geklärt werden.

Der Entscheidungseinfluß des Integrationsmanagers und der externen Person dürfen aber nie zu groß werden, denn die Motivation der Teammitglieder ist von größter Wichtigkeit und darf nicht unterminiert werden. Die Möglichkeit, sich einzubringen, sein Wissen beizusteuern und sich konstruktiv zu fühlen, sichert eine hohe Bereitschaft, die vor schweren Aufgaben und Sonderarbeiten nicht halt macht; dies ist gerade für Teammitglieder der erworbenen Unternehmung besonders zu beachten. Zudem sichert man sich somit eine positive Atmosphäre nach außen, was im Umgang mit den betroffenen Mitarbeitern psychologisch wertvoll ist.

Bei kleinen Akquisitionen reicht, wie gesagt, ein Integrationsmanager aus, größere werden durch ein Integrationsteam betreut, dem man möglicherweise externe Personen zur Hilfe gibt (neben den Mitarbeitern beider betroffenen Unternehmen), bei sehr großen Akquisitionen oder Fusionen bietet sich zudem das Schaffen von "Task-Forces" an.

Task-Forces widmen sich speziellen und engumrissenen Problemstellungen der Integration, die in ihrer Komplexität hoch sind oder die Schlüsselaktivitäten (besonders erfolgsentscheident) darstellen. Dabei klärt man mit besonderem Aufwand Problem und Lösungen und arbeitet zielführend in einem Segment. Z. B. können so Entlohnungssysteme angeglichen werden, denn in einem Konzern gibt es mannigfaltige Tarifregelungen, Ausnahmen und Sonderregelungen, die durch eine Person kaum allein durchschaut und angeglichen werden können, darüber hinaus würde diese eine Aufgabe viel zu viel Zeit beanspruchen.

Die Anforderungen an die Teammitglieder sind hoch, denn die Planung und Durchführung der Integration ist sehr komplex, ein Erfolgsdruck ist, durch die oft hohe Investitionssumme und die zukünftig lange wie schwerwiegende Bedeutung, eindeutig hoch, außerdem ist die Aufgabenanforderung, die sowohl Sachlichkeit wie Fingerspitzengefühl notwendigerweise voraussetzt, neuartig, bei jedem Projekt handelt es sich um andere Gegebenheiten, die die nutzbare Erfahrung auf bestimmte Grundmuster begrenzt.

Richtigerweise verweist *Hase*[112] bezüglich der Voraussetzungen auf fachliche und persönliche Anforderungen.

---

[111] Vgl. Ott, J., 1990, S. 188
[112] Vgl. Hase, S., 1996, S. 69

Die fachlichen Anforderungen versteht er als "...strategische, strukturelle, personelle und kulturelle Voraussetzungen."

Die persönlichen Anforderungen charakterisiert er als: "...soziale Fähigkeiten (Kommunikation, Kooperation, Konfliktbereitschaft, Durchsetzungsvermögen) als auch wertbezogene (ethisch-moralische) Fähigkeiten."

4. Integrationsaktivitäten

Die Gesamtheit aller Aktivitäten, die dazu bestimmt sind, eine Integration des Akquisitionsobjektes voranzutreiben, die zu einer unternehmerischen Einheit führen, werden als Integrationsaktivitäten bezeichnet.

Art und Umfang der notwendigen Anpassungen sind abhängig vom Typ der Akquisition beziehungsweise auch dem dahinterstehenden Kaufmotiv.[113]

Um überhaupt in der Lage zu sein, auszusagen, welche Ziele verfolgt werden sollen und welche Aktivitäten dahingehend zielführend sein sollen, bedarf es eines Integrationsplanes. Die möglicherweise banal klingende Aussage scheint aber nicht weithin Bekanntheit zu genießen, denn eine Studie von *Hunt, Less, Grumbar und Vivian*[114] fand heraus, daß lediglich 21 % der untersuchten Unternehmen einen klaren Integrationsplan verfolgen, provokant formuliert: ein Fünftel der Unternehmen weiß überhaupt, was es erreichen möchte.

Ein Integrationsplan wird insofern als wichtig eingestuft, als das er ein Controlling und eine Standortbestimmung erst möglich macht. Denn nur wenn man weiß, wo man hätte sein wollen, kann man aussagen und untersuchen, warum etwas schneller oder langsamer realisiert wurde. Dieser Integrationsplan ist sicherlich eines der ersten Aktivitäten, denen ein Integrationsteam nachkommen sollte.

Ausgehend von diesem Integrationsplan, der die Eingliederung der betroffenen Unternehmensbereiche vorsieht, einen Kommunikationsplan fordert, bestimmte vorzunehmende Einzelaktivitäten und einen Zeitplan enthält, beginnt das Team seine Arbeit, die an vorher festgelegten Meilensteinen gemessen wird. Vorher definierte Zeiträume oder Abschnitte werden angesteuert und daraufhin überprüft, ob das, was es bis dahin zu realisieren galt, auch eingehalten werden konnte; wenn nicht, folgt die Ursachenanalyse, die Gegensteuerung und/oder Neuplanung.

Die Komplexität der Integration läßt es unmöglich erscheinen, sämtliche Aktivitäten und Entscheidungen im Vorfeld zu klären, eine hohe Bedeutung kommt der flexiblen Integrationsgestaltung zu, die mit der fixen einhergeht. Die Lenkung des soziotechnischen Systems, wie eine Unternehmung zweifelsohne auch genannt werden kann, stellt sich in zwei Alternativen dar:

---

[113] Vgl. Leimer, W., 1991, S. 236
[114] Vgl. Hunt, J. /Less, S. /Grumbar, J. und Vivian, P., 1987, S. 49

„Die erste besteht gemäß der extrinsischen Lenkung darin, die Prozesse im Detail zu steuern und ihnen somit jegliche Flexibilität und Anpassungsfähigkeit zu nehmen. Die zweite Alternative zielt darauf ab, die Prozesse responsiv und anpassungsfähig zu belassen, was bedeutet, daß die natürliche Komplexität probabilistischer Situationen nicht zerstört werden darf, sondern für ihre organische Lenkung nutzbar gemacht werden soll."[115]

Es kann also nicht das Ziel sein, die erworbene Unternehmung in allem zu bevormunden, denn dies wirkt sich demotivierend, inflexibilisierend aus und bedeutet einen noch erheblicheren Integrationsaufwand, der aufgrund der ohnehin bestehenden Komplexität unbedingt zu vermeiden ist

Ein Hauptaugenmerk dieser Arbeit soll die personelle, psychologische Komponente sein, denn die in der Literatur erschienenen Ansätze beziehen sich zumeist auf die "hard-facts", den Aspekten, denen strategische oder organisatorisch-funktionale Aufgaben zugrunde liegen. Aber "...die zur Realisierung der Integration notwendigen soft-facts, wie der personellen und kulturellen Gestaltung der Zusammenarbeit, werden in der Literatur – wenn überhaupt – meist nur ansatzweise berücksichtigt."[116]

5. Integrationsdeterminanten

Unter Integrationsdeterminanten versteht der Autor diejenigen Faktoren, die die Integration beeinflussen und bestimmen, von denen kurzum der Erfolg der Integration abhängt.

Grob gegliedert ergeben sich interne (endogene) und externe (exogene) Einflußfaktoren[117].

Endogen sind Einflußfaktoren immer dann, wenn sie unternehmensintern begründet sind, es sind dies sachlich-rationale Faktoren oder sozio-kulturelle Faktoren.

Exogen bezeichnet man Faktoren die außerhalb der Unternehmung motiviert sind, dies sind externe Anspruchsteller (Stakeholder) wie beispielsweise Kunden, Konkurrenz, Lieferanten, Banken, Politik und dergleichen mehr, man könnte sie auch als Umweltfaktoren bezeichnen.

Für den Integrationserfolg problematischer sind zunächst die exogenen Faktoren, da sie kurzfristig als gegeben hingenommen werden müssen und obwohl auch endogene Faktoren schwerwiegend und langwierig sein können, gelten die exogenen Faktoren generell als schwerer beeinflußbar und komplizierter handhabbar.

---

[115] Vgl. Leimer, W., 1991, S. 212 - 213
[116] Vgl. Hase, S. 1996, S. 72
[117] Vgl. Ebenda, s. 76 - 84

Aus dem Grunde heraus, daß die internen Einflüsse besser beeinflußbar sind, zeigt die Literatur einige unternehmensinterne Gestaltungsmaßnahmen der Integration auf. Im Einzelnen sind dies die folgenden:

1) Strategische Integration

2) Strukturelle Integration

3) Personelle Integration

4) Kulturelle Integration[118]

5.1. Strategische Integration

Strategie heißt immer langfristig in seiner Art und liegt dem Unternehmen grundsätzlich zugrunde. Hieran haben sich auch die Integrationsaktivitäten sowohl struktureller und personeller als auch kultureller Art auszurichten.[119]

Bei einer konkreten Integration gilt es aber, da es sich ja um zwei Unternehmen handelt, die bestehenden strategischen Interessen zusammenzuführen und auf einen gemeinsamen Wettbewerb auszurichten. Dazu werden sich Manager beider Unternehmen darüber klar zu werden haben, was erreicht werden soll und welche Teile der bisherigen Strategie dazu passen, bzw. welche neue Strategie zur Realisierung führt. Als Basis hierfür muß auch eine Kompatibilitätsprüfung der Unternehmensphilosophien durchgeführt werden, denn die Philosophie, die nach außen und nach innen Werte und Normen definiert und vertritt, verhält sich zur Unternehmensstrategie interdependent und ist genauso grundsätzlich.

Ein weiterer Begriff dieser Kategorie ist die Unternehmenspolitik, die *Ulrich/Fluri*[120] als "...die Gesamtheit der grundlegenden Entscheide, welche das Unternehmensgeschehen in die Zukunft hinein auf längere Frist in den wesentlichen Grundlinien bestimmen sollen". Im Bereich Politik geht es um generelle Aussagen und um Taktieren zwischen Ressourcen und Anspruchstellern (Stakeholder oder auch Lobbyisten).

Spezielle und generelle Absichten, so wie sie *Kreikebaum*[121] darlegt, verstehen sich als konkrete Zielinhalte und Zielpräferenzen (speziell), die sich aus den generellen Absichten ableiten lassen, die die Absichten eines Unternehmens beinhalten (Unternehmenszweck, Stellung sowie Sinn- und Wertbezüge).

Diese politischen Ansätze müssen natürlich in dem durch die Akquisition neu entstandenen Konglomerat neu definiert werden, denn sie betreffen die Grundrichtung und somit alle Bereiche der Unternehmen.

---

[118] Vgl. Hase, S. 1996, S. 76 - 84

[119] Vgl. Bleicher, K., 1991, S. 8, Rühli, E., 1992, S. 1168, Steinmann, H., Schreyögg, G., 1990, S. 194ff

[120] Vgl. Ulrich, P., Fluri, E., 1988, S. 65

[121] Vgl. Kreikebaum, H., 1993, S. 48 - 51

Der Zusammenführung der Unternehmenspolitiken geht deren Analyse voraus, die sich auf das bezieht, in dem sich die Unternehmenspolitik äußert. Dazu eignen sich *Unternehmensleitbilder*[122], die Aussagen darüber enthalten, in welchen Betätigungsfeldern sich eine Unternehmung aufhält und welche wirtschaftliche und soziale Verantwortung man sich selbst zuschreibt.

5.2. Strukturelle Integration

Die strukturelle Integration wird bestimmt durch alle Maßnahmen, die dazu führen, die Strukturen, womit Ablaufsysteme und organisationelle Strukturen im wesentlichen gemeint sind, der erworbene Unternehmung auf die der erwerbenen Unternehmung anzugleichen oder die beiden Organisationen aufeinander abzustimmen.

Ablaufsysteme und Organisationen können auch umschrieben werden als Ablauf- und Aufbauorganisation, die jeweils Gegenstand einer Integration sein können.

Die ablauforganisatorische Integration beschäftigt sich mit der zukünftig gültigen Aufgabenabwicklung und stellt dabei eine konkrete, operative Zusammenlegung der betrieblichen Prozesse und Systeme dar. Sehr gute Kenntnisse der Systeme der beteiligten Unternehmen sind notwendig, um Anknüpfungspunkte zu selektieren und zu nutzen nach dem ein sehr detailliertes Wissen bezüglich der bestandenen Systeme ausgetauscht wurde.

Letztendliches Ziel ist die Schaffung einer insgesamt ausgeglichenen gemeinsamen Unternehmensstruktur, bei der Doppelarbeit und Mehraufwand nicht anfallen.

Es gibt dazu die Möglichkeit, mehrere Organisationsstrukturen zu generieren, die sich als organisatorische Konsolidierung verstehen, dabei wird eine mehr oder weniger enge Anbindung an das Akquisitionssubjekt vorgenommen.

Bei einer Holding findet gar keine Integration statt, die rechtliche Selbständigkeit bleibt, zumindest nach außen, bestehen. Die Holdinggesellschaft stimmt die verschiedenen Gesellschaften jeweils nur aufeinander ab und hat bedingten, vertraglich festgelegten Einfluß. Die Gesellschaften planen und steuern sich bis auf einige Vorgaben selbst.

Die Struktur ist somit im Organigramm wie folgt darzustellen:

---

[122] Vgl. Steinöcker, R., 1993, S. 23ff, Ulrich, H., 1987, S. 229

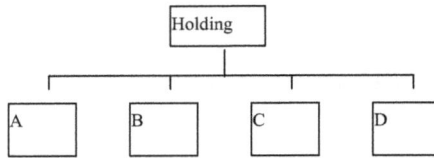

Abb.7 Holding ohne Integration[123]

Die nächste Form wäre eine Muttergesellschaft, die über ein Kerngeschäft verfügt und darüber hinaus noch Tochtergesellschaften besitzt, die spezielle Aufgaben wahrnehmen, so z.b. Services oder Zulieferproduktionen.

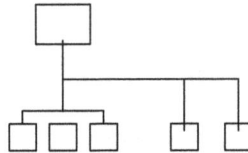

Abb. 8 Kerngeschaftliche Organisation mit Tochtergesellschaften[117]

Als weiterer Fall ist die Organisation nach Geschäftsfeldern denkbar, die in sich geschlossen sind, mit eigener Verantwortung (Budget und Ergebnis), aber keine rechtliche Selbstständigkeit besitzen und zentral gesteuert werden, z.B. von einem Vorstand. Ihre Gewinne führen sie zentral ab und bekommen danach wieder ein Budget, daß sie vorher planen, zugeteilt. Große Investitionen und außerordentliche Geschäftsvorfälle müssen genehmigt werden. Zentrale Serviceeinrichtungen (Buchführung, Rechnungswesen, EDV, usw.), werden gemeinsam genutzt und finanziert.

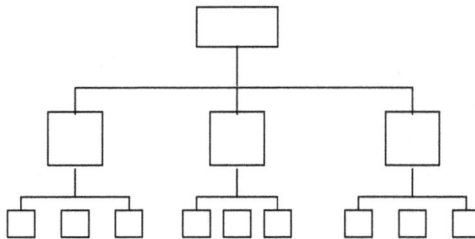

Abb. 9 In sich integrierte Geschäftsbereiche[117]

---

[123] In Anlehnung an Gomez/Weber, 1989, S. 73

In kleineren Unternehmen findet sich häufig die Organisationsform der völlig integrierten Bereiche, bei der keine Selbständigkeit gegeben ist und alles zentral organisiert wird, oftmals hat eine Person das Sagen.

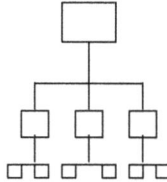

Abb. 10 Vollständig integriertes Unternehmen[117]

Je nachdem, welcher Organisationsform des akquirierende Unternehmen unterliegt oder welche Zielvorstellung hinter der Akquisition liegt, muß die organisatorische Integration den obigen Beispielen folgend vorgenommen werden.

Generell ist eine Einteilung nach Geschäftsfeldern sinnvoll, denn so entstehen Profitcenter, die in ihrem Erfolg vergleichbar gemessen werden können, daneben aber eine Diversifikation darstellen, die selbst einem großen Konzern Flexibilität erlaubt. Zudem läßt sich eine unterteilte Organisation in international tätigen Unternehmen gar nicht vermeiden, denn die Geschäftsführung kann nicht überall präsent sein und wegen der kulturellen Unterschiede in Regionen und auf Kontinenten läßt sich ein einheitlicher Führungsstil kaum verwirklichen. Auf Belange einzelner Kulturen kann nicht im ausreichenden Umfange Rücksicht genommen werden, wenn nur aus dem "Headquarter" in den USA oder Europa gesteuert wird, der Asiate oder Afrikaner unterliegt anderen Verhaltensmustern und Gegebenheiten und versteht die Sichtweise der USA und Europas vielleicht nicht eindeutig. Den jeweiligen Marktbedingungen kommt man mit einer regional organisierten Struktur in jedem Fall auch besser nach.

Gefährlich dabei ist in zweierlei Hinsicht aber das Bestehen zu vieler Hierarchieebenen. Einerseits könnte das Management der akquirierten Unternehmung demotiviert und frustriert werden, da es sich in einer andern Ebene wiederfindet, als es zuvor bekleidete und nunmehr nicht mehr über die gewohnten Kompetenzen verfügt. Andrerseits wirkt sich eine zu lange organisatorische Distanz ("Dienstweg") nachteilig auf die Kommunikation aus, die ineffektiv wird, zudem ist mit einer Inflexibilität zu rechnen.

5.3. Personelle Integration

Von sehr hoher Relevanz ist der Faktor Personal, denn alle Systeme und Abläufe vermögen nicht, selbständig zu arbeiten, sie bedürfen der menschlichen Komponente, von der damit der gesamte Nutzten und die Effektivität nicht nur entscheidend sondern ganz und gar abhängt. Der Mensch ist der Träger sämtlicher betrieblicher Prozesse, er plant sie, implementiert und steuert sie. Eine Integration und eine betriebliche Arbeit ist ohne den Menschen nicht denkbar und praktikabel. Eine negative Motivation führt zur Blockierung, selbst wenn nur einige sehr wenige unmotivierte Mitarbeiter existieren, bedeutet dies schon Sand im Getriebe, ein flüssiger, problemloser und voll effektiver Ablauf ist somit schon nicht mehr gewährleistet.

Steinöcker sieht im motivierten Mitarbeiter einen der „wesentlichsten erfolgversprechenden Akquisitionskriterien"[124], wobei Motivation dabei „die Bedürfnisse der betroffenen Personen, ihre Ängste und Unsicherheiten, ihre Selbstbeurteilung, ihre Führungsfähigkeiten und die Einschätzung ihres Leistungsvermögens"[125] umfaßt.

Um so bedeutender wird der Mensch, und das haben sehr viele Unternehmen in ihrer Praxis noch nicht oder nicht in ausreichendem Maße vermerkt, wenn es um die Integration neuer Bereiche geht. Oftmals ist bei den Unternehmen schon die tägliche Personalpolitik ein motivationshemmender, ja zerstörender Faktor, der bis hin zur inneren Kündigung reicht; aber bei einer Integration ist nicht nur die momentane Bedeutung gegeben, von der Motivation und vom Engagement aller Beteiligten, dies sind besonders auch die Mitarbeiter, die ihre tägliche Arbeit weiterhin verrichten sollen sich aber in einer unsicheren Umbruchsituation befinden, hängt der Erfolg des Akquisitionsprojektes in der Zukunft ab. Wer sein Personal, um dies schon vorwegzunehmen, während der Akquisition und Integration außer acht läßt und sich nur den Strukturen, Organisationen und Kennzahlen widmet, der wird eine nicht erfolgreiche Akquisition beklagen müssen oder zumindest eine nur in Teilen erfolgreiche Akquisition.

Hunt/Less/Grumbar/Vivian[126] merken dazu an:

> *"Once a company has been acquired, it then almost entirely dependent upon the human element to make it live up to expectations. Unless the human element is managed carefully, there is a serious risk of losing the financial and business advantages which the acquisition could bring to the parent company.*
>
> *Once again, it is the question of how to ensure the people make it all happen."*

---

[124] Vgl. Steinöcker, R. 1993, S. 127

[125] ebenda

[126] Vgl. Hunt, J. /Less, S. /Grumbar, J. und Vivian, P., 1987, S.6

Hase[127] formuliert diesbezüglich: " ..., daß das Verhalten von Mitarbeitern als Risikofaktor anzusehen ist, welches den Integrationsprozeß zum Scheitern führen kann bzw. seiner erfolgreiche Umsetzung erst bedingt."

Daniel Vasella antwortete in einem Interview auf die Frage, was denn wichtiger sei, die genaue Analyse der Kennzahlen und die Festlegung von Planwerten vor einem M&A oder die Integration: „Natürlich das Zweite!"[128]

Den Aspekt der Resignation und Unsicherheit sowie den Umstand, daß eine Demotivation genau das bewirkt, was am wenigsten gefordert ist *drücken Marc Mozeson* und *Susan Gretchko*[129] wie folgt aus:

> *„Whenever organizations come together, people face uncertainly about their futures. In many cases, they may belive that the direction of the integration is inconsistent with their own aspirations, so they resign. Unfortunately, individuals who leave first are the most talented, often playing highly strategic roles in their company's success.*
>
> *...mergers generate a tendency for employees to shift their focus from day-to-day business need to internal politics surrounding a merger process. Enmeshed in the insecurity that change presents, they thus become risk averse. At a time when a newly formed organization need its people to be the most creative, the staff becomes reluctant to share ideas."*

Nupponen[130] erläutert dazu: „Real managing does not consist only of planning, implementing and controlling. It is practically impossible to manage fears, uncertainies, stresses and tensions; one has instead to cope with the difficulties and conflicts that inevitable emerge."

Daß der Faktor Mensch unterschätzt wird in den praktischen Fällen der Integrationen, zeigt *Krystek*[131], der in seinen Untersuchungen folgende Lerneffekte (Aufzählung beispielhaft) feststellte, deren Kenntnisse man sich entsprechenderweise vor dem Einleiten der Integration gewünscht hätte:

- Personelle Probleme wurden nicht nur vor, sondern auch während des Integrationsprozesses weitgehend unterschätzt.

- Unnötige, schädliche Frustration traten auf, da man sich nicht intensiv um die Motivation von Management und Mitarbeitern bemühte.

- Man rechnete meist nicht mit einem irrationalem Verhalten der Mitarbeiter.

Die Forderung, sich auf den Menschen mit seinen Belangen und Fähigkeiten einzustellen, mag klingen, als sei Sozialverhalten gefordert, daß aber in der "harten" Wirtschaftswelt keinen Platz hat. Diese Aussage wäre vermessen und

---

[127] Vgl. Hase, S. 1996, S. 80

[128] Vgl. Schäfer A., 1998, S. 135

[129] Vgl. Mozeson, M. und Gretchko, S., 1998, S. 94 - 101

[130] Vgl. Nupponen, P., 1995, S. 56

[131] Vgl. Krystek, U., 1992, S. 552 - 555

arrogant, weil man damit tatsächlich die Meinung verträte, der Mensch sei sekundär, wichtig sei nur der Profit und das Überleben der Unternehmung. Es ist aber umgekehrt. Der Mensch ist, wie bereits betrachtet, der Träger der Prozesse und stellt doch mit seinem Tun erst den Profit und das Unternehmensüberleben sicher; aber dazu muß erst Motivation, Engagement und Kampfwille geschaffen werden. Der Mensch ist der Alphafaktor, welcher alles bedingt, das Kümmern um ihn ist nicht nur reine Sozialarbeit und notwendiges Übel, es ist der Art nach nicht weniger wirtschaftliche Unternehmensarbeit wie das Generieren und Implementieren betrieblicher Abläufe und das Auseinandersetzten mit betriebswirtschaftlichen Fakten und Kennzahlen.

Führungskräfte, die ihrerseits in der erworbenen Unternehmung in einem Dilemma stehen, da sie selbst nicht mehr Informationen besitzen als die verunsicherten Mitarbeiter auch, müssen während der Integration beruhigend wirken und Sicherheit vermitteln, denn über die Auswahl und den Einsatz von Führungsinstrumenten steuern und lenken sie in beeinflussendem Maße die Bereitschaft der Unterstützung der Integration von seiten der Mitarbeiter und sie determinieren ebenso die Motivation und Einstellung.

Beispielhaft ist die Beteiligung am Integrationsprozess, das Erteilen von Mitwirkungsrechten, so daß der Mitarbeiter die Vorteilhaftigkeit der Integrationsmaßnahmen positiv bewertet. Weiterhin förderlich sind soziale Anerkennung, Aufstiegschancen bereithalten, Weiterbildung ermöglichen und materielle wie immaterielle Anreizsysteme schaffen.

Bei einer Integration, und dies bereits bei ihrer Ankündigung, muß individuell vorgegangen werden. Jeder Mitarbeiter nimmt subjektiv wahr und reagiert daraufhin personenbezogen. Die Folge in einer Integrationssituation sind auf jeden Fall das Aufkommen von Streß und damit von Vermutungen, Befürchtungen und Ängsten[132].

Verschiedene Stadien folgen, die *Krystek*[133] dargelegt hat, die sich an das Schockerlebnis der Bekanntgabe der Akquisition anschließen: Es folgt der Versuch der Verdrängung der Tatsache, man hält an den bisherigen Zielen und Strukturen fest. Danach folgt eine Entscheidung, ob die neue Realität akzeptiert wird, Wechsel der Firma, bzw. Anerkennung der neuen Organisation oder es folgt eine "Individualkrise", die sich in Demotivation und innerer Kündigung zeigt.

Eine frühzeitige, ständige Information kann sehr hilfreich unterstützen, denn der Mitarbeiter fühlt sich ernst genommen, wird nicht im Unklaren gelassen und kann reagieren.

---

[132] Vgl. Müller-Stewens, G., 1992, S. 335ff und Wächter, H., 1990, S. 128, die sich z.T. auch beziehen auf Marks, M., 1982, S. 41

[133] Vgl. Krystek, U., 1992. S. 552 - 554

5.4. Kulturelle Integration

Dieser Teil der Integration ist besonders problematisch. Es handelt sich hierbei, durch die Europäisierung und Globalisierung besonders relevant geworden, um die Kultur verschiedener Regionen und Länder als aber auch um die Unternehmenskultur. Generell handelt es sich bei Kultur um ein System von Wertvorstellungen, Verhaltensnormen sowie Handlungs- und Denkanweisungen, die in einem bestimmten Kreis von Menschen erlernt, gelebt und fortgeführt werden.[134] Es kommt so zu einer Unterscheidung zwischen verschiedenen Menschengruppen.

Unternehmenskultur projiziert die Vorstellung des Entstehens von Werten und Normen und deren Einflußnahme auf menschliche Verhaltensweisen und damit auf die produktiven sozialen Systeme, die durch ihre soziale Identität finden. In ihnen bewirkt die Unternehmenskultur eine informelle Integration vergangenheitsgeprägter Tradition und Gegenwart des Systems und schafft damit die Grundlage für zukünftige Innovationen[135]. Symbolhaftes Verhalten kommt zustande und Führungspersönlichkeiten (z.b. der Gründer) der Vergangenheit verleihen Identität.

Verschiedene Autoren sehen den Aufbau der Unternehmenskultur in einem Drei-Ebenen-Modell charakterisiert[136], das sich folgendermaßen zusammenfassen läßt:

- Die erste, oberste Ebene ist die sichtbare Ebene. Auf dieser Oberflächenstruktur beobachtet man die Verhaltensweisen und Artefakte (Gegenstände, die die Kultur zum Ausdruck bringen) sowie Handlungen und Symbole, die durch die Kultur geprägt sind und Rückschlüsse auf sie zulassen (z.b. die Architektur des Verwaltungsgebäudes, Besprechungsrituale, Verhältnis der Mitarbeiter zu Vorgesetzten, Büroeinrichtungen).

- Auf der nachfolgenden zweiten Ebene sieht man sich einer Tiefenstruktur gegenüber, die Werte und Normen beinhalten. Verhaltenserwartungen und Verhaltensmuster, aber auch Kommunikation, Organisation und Planung geben einen unverwechselbaren Eindruck über die Unternehmung. Führungsgrundsätze definieren sich hieraus.

- Das grundlegende Selbstverständnis liegt im Kulturkern, der untersten, dritten Ebene. Diese Ebene ist der Literatur nach eine schwer zu ermittelnde, die aber das Verhalten der Mitarbeiter am

---

[134] Krystek formuliert wie folgt: "*Unternehmenskultur ist die Gesamtheit gemeinsam gelebter Wert- und Normenvorstellungen sowie geteilter Denk- und Verhaltensmuster, die Entscheidungen, Handlungen und Unterlassungen der Unternehmensmitglieder bestimmen*" (1992, S. 541)

[135] Vgl. Gablers Wirtschaftslexikon. 1988, S. 2132

[136] Vgl. Bleicher, K., 1991, S. 732, Schreyögg, G., 1992, Sp. 1526, Ulrich, H., 1993, Sp. 4359.

entschiedensten beeinflußt. Häufig im Unterbewußtsein verankert, bestimmt der Kulturkern Handlungen und Beziehungen zu anderen Personenkreisen und die eigene Arbeit.

Es handelt sich dabei um eine historisch gewachsene Kultur, die die beteiligten Unternehmen jeweils hervorgebracht haben und auf die sich berufen. Es ist nicht einfach möglich, diese auszutauschen und neu zu implementieren, denn erst ein Wachstumsprozess und das langsame Hineinfinden und Mitgestalten sorgen für eine Internalisierung und tiefgreifende Akzeptanz.[137]

5.4.1. Akkulturation

Es darf somit nicht zu einem unüberlegten, unvorbereiteten Zusammenprallen der Unternehmenskulturen kommen, es ist die sogenannte *Akkulturation*[138] (Acculteration) durchzuführen.

Darunter versteht man die gegenseitige Beeinflussung und Anpassung ehemals eigenständiger, unabhängiger Unternehmenskulturen innerhalb eines Integrationsprozesses, um, beiderseitige Interessen berücksichtigend, eine Integration unternehmenskulturell abzusichern. Da Kultur dynamisch ist, wird sie nicht von einem auf den anderen Moment verändert, sondern wächst während des gesamten Integrationsprozesses und darüber hinaus zusammen.

Krystek[139] differenziert zwischen konstruktiver und destruktiver Wirkung bei der Akkulturation.

Konstruktiv ist der Fall, wenn Unternehmenskulturen, die aufeinandertreffen, zueinander passen und sich gegenseitig stärken (*synergetische Unternehmenskulturen*) und sich zu einer gemeinsamen Kultur formieren lassen, die zukünftig Bestand hat. Praxisbeispiele hierfür sind eher selten, vor allem, wenn es um den tatsächlichen Erfolg geht.

Kerr[140] weiß von einem diesbezüglichen Erfolgsbeispiel zu berichten, es handelt sich dabei um die Unternehmensübernahme des amerikanischen Reifen- und Gummifabrikanten Firestone durch das japanische Unternehmen Bridgestone aus dem Jahre 1988. Die Japaner, so berichtet Kerr, pflegen eine Unternehmenskultur der langsamen und kontinuierlichen Strategie, wo Schritt für Schritt vorangegangen wird (*Kaizen*), wohingegen die Amerikaner kurzfristiger denken und daher einer möglichst schnellen Unternehmenskultur nacheifern (*big innovation)*. Trotzdem hat sich nach der Akquisition ein offenbarer Erfolg eingestellt.

---

[137] Vgl. zu dieser Problematik: Clever, H., 1993, S. 123, Frank, G., 1993, S. 154, Krystek, U., 1992, S. 539, Rauer, S., 1994, S. 112 und Wächter, H., 1990, S. 121

[138] Vgl. Reineke, 1989, S. 51 – 53 und Hase, S., 1996, S. 83, Nupponen, P., 1995, S. 55ff; entwickelt durch Nahavandi und Malekzadeh speziell für Unternehmensakquisitionen, 1988, S. 81 – 86.

[139] Vgl. Kreystek, U., 1992, S. 545

[140] Vgl. Kerr, L., 1992, S. 46 - 52

Destruktiv bedeutet, daß die beteiligten Unternehmenskulturen nicht zusammenpassen, eine Angleichung würde beiderseitige Störungen bedeuten. Daher ist es in der Praxis so, daß eine der beiden Kulturen die dominantere Kultur darstellt, was zumeist die der erwerbenen Unternehmung ist.

Weiterhin ist zu dem Konzept der Akkulturation zu sagen, daß es versucht, mögliche Verlaufsformen zu antizipieren und geeignete Gegenmaßnahmen zu präsentieren. Ergebnisse einer Akkulturation können in den extremen Positionen der totalen Kulturaufgabe oder der völligen Kulturbewahrung liegen, dabei lassen sich die nachfolgenden Formen der Akkulturation unterscheiden:

Integration:	Assimilation:
Eingliederung der Kultur des Erworbenen in die Organisationsstruktur des Erwerbers bei gleichzeitiger Beibehaltung der Kultur (Kulturautonomie), dominierender Einfluß wird beiderseitig nicht ausgeübt. Idealform der Akkulturation.	Das akquirierte Unternehmen paßt sich sowohl strukturell wie kulturell dem Erwerberunternehmen an, eine Einheitskultur entsteht.
Separation:	Dekulturation:
Der Erworbene versucht eine eigene Identität (Kultur) zu bewahren. Das Akquisitionsobjekt wird als eigenständige Einheit geführt, die Zusammenarbeit ist beschränkt oder nicht gegeben.	Unzufriedenheit/neg. Akzeptanz der eigenen und fremden Kultur/Identität führen zu Frustration, Entfremdung, Identitätsverlust und schließlich zum Scheitern der Akquisition.

Abb. 11 Akkulturationsformen bei Akquisitionen

Ein möglicher *Kulturschock*[141], der durch den raschen Wechsel in eine völlig neue Kultur ohne adäquaten Angleich herbeigeführt wird, äußert sich in Demotivation, Ergebnisverschlechterung, höherer Fluktuation und inneren Kündigungen. Aktiver und passiver Widerstand erreichen ihr Extremum in einer Sabotage[142].

Nichterreichen der Integrationsziele und damit ein letztendliches Scheitern der Akquisition droht.

---

[141] Vgl. Frank, G., 1993, S 155, Müller-Stewens, G., 1992, S. 337ff
[142] Vgl. Krystek, U., 1992, S. 546

Begegnen kann man diesem drohenden Scheitern mit dem Antizipieren und Umsetzen der folgenden Schlußfolgerungen:[143]

- Akkulturation ist ein dynamischer Prozess wie die Kulturentwicklung selbst. Kultureller Übereinstimmungsgrad zwischen den Partnern und der Anpassungsprozeß determinieren die Akkulturation und müssen bereits in frühen Stadien Beachtung finden, wenn es darum geht, die Verträglichkeit der Kulturen zu analysieren und die Definition der strategischen Ausrichtung zu formulieren.

- Das Vorhandensein mehrerer Subkulturen (regional, international, durch Tochtergesellschaften und dezentrale Organisationsteile) erlaubt verschiedene Anpassungsformen gleichzeitig.

- Ein hoher Verwandtschaftsgrad der Produkt- und Marktbereiche erleichtert die Akkulturation.

- Durch weitreichende, kontinuierliche Information werden Unsicherheit vermieden, Frustration und Demotivation greifen weniger stark, eine Begünstigung der Integration kann angenommen werden.

6. Abschließende Betrachtung

Im nun folgenden, abschließenden Teil sollen besondere Hinweise und Erkenntnisse aus der Literatur zusammengefaßt werden, die der Autor explizit nennen möchte. Die Ausführungen beziehen sich aus das Integrationsmanagement verschiedener Phasen und beginnen mit dem Implementierungszeitpunkt des Integrationsmanagements.

Bei einer Planung, die von einer schnellen Integration ausgeht, muß entsprechend sehr früh mit der Integration begonnen werden, sie ist dann bereits Teil der Akquisition und wird in der Literatur nicht umsonst die „ ...wohl kritischste Phase der Akquisition"[144] genannt. Der Arbeitskreis Unternehmensakquisition spricht in bezug auf die Integration über „...die schwierigste, längste und über Erfolg oder Mißerfolg letztlich entscheidende Phase."[145]

---

[143] Vgl. Hase, S. 1996, S. 165
[144] Vgl. Steinöcker, R., 1993, S. 104
[145] Vgl. Freund, W., 1991, S. 491ff

Immaterielles Kapital	Human Kapital
(Rechte, Lizenzen,	(Kenntnisse, Wissen,)
Patente. Know-how)	

Akquisitionsobjekt

**In seiner Werthal-
tigkeit dreigeteilt.**

Sach-Kapital

(Anlagen, Immobilien,
Maschinen)

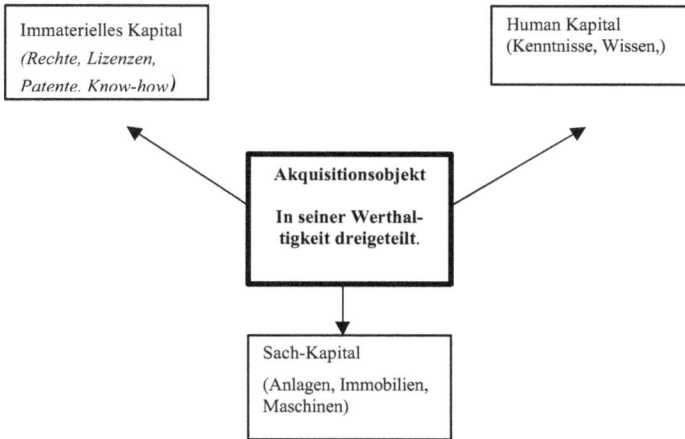

Abb.12 Kapitalwerte, aus denen ein Akquisitionsobjekt besteht[146]

Die erwerbende Unternehmung muß sich darüber im klaren sein, daß die Mitarbeiter, die mitsamt ihrem Umfeld integriert werden sollen, schon bei Bekanntgabe bzw. Veröffentlichung in eine schwere Unsicherheit fallen und viele Fragen sich augenblicklich ergeben. Darauf muß man vorbereitet sein und entsprechend beruhigend wirken. Bekanntgabe und Veröffentlichung des Akquisitionsvorhabens fallen in die Zeit der Akquisition selbst, die Kommunikation, die danach erforderlich ist, stellt bereits einen Teil der Integration dar, da hier schon der spätere Weg zur Integration geebnet wird, eine negative Haltungsentwicklung der Mitarbeiter hätte fatale Wirkungen auf den Integrationsverlauf, denn der erste Eindruck ist zumeist der intensivste, am wenigsten zu revidierende. Ein schneller Kontakt zu den Schlüsselpersonen, persönliche Kommunikation und Involvierung der gesamten Mannschaft können Mißtrauen zerstreuen und die Existenzangst der Belegschaft mindern.

Der Mensch selbst ist Kapital und beeinflußt mit seiner Präsens das übrige Kapital, das durch den Menschen erst wertvoll wird. Zwischen Mensch und übrigen Kapital muß eine starke Interdependenz konstatiert werden, wobei der beherrschendere Einfluß eindeutig vom Menschen ausgeübt wird.

Eine Integration bedeutet immer auch eine teilweise oder vollständige Neuausrichtung, die auch in Anforderungen an die Mitarbeiter resultieren, welche, wenn nicht adäquat vorbereitet, Widerstände hervorbringen, die:

---

[146] Eigene Darstellung

- in der fehlenden Bereitschaft zum Wandel – sei es aus der Unsicherheit vor dem Neuen oder aus grundsätzlichen Einstellungen,
- in der Verschiebung von Marktstrukturen und zu internen Positions- und Machtkämpfen,
- durch den Eigentümerwechsel divergierende Loyalitäten begründet sein können.[147]

Die Entscheidung zur Verantwortung der Integration ist die erste Integrationsentscheidung der kaufenden Unternehmung überhaupt und muß, wie wir gesehen haben, mitunter sehr frühzeitig gefällt werden.

Die nun folgenden Verhaltensregeln sind in treffender Weise von *Steinöcker* kurz formuliert, bei ihm heißt es :

- plane zuerst
- handle schnell
- informiere offen
- verhalte dich korrekt[148]

Die richtige Planung, um überhaupt zu wissen, was man möchte und um hinterher eine Vergleichsgrundlage zu besitzen, ist sehr entscheidend und sollte mit hohem Aufwand betrieben werden, ein schnelles Handeln vermeidet unsicheres Erscheinen und zeigt Professionalität und Zielstrebigkeit. Eine von Anfang an offene Information verhindert in erheblichem Maße die Unsicherheit und Desorientierung der Belegschaft,

> *„free communication can mitigate problems throughout the merger process, inkluding maintaining productivity. ...investores should be aware of the objectives of the merger and feel confident that the move will benefit them (die Mitglieder der übernommenen Belegschaft/ Anm. d. Autors). Costomers must know that the company staff will continue to serve them well during the merger process – and perhaps even better afterward."[149]*

Nupponen führt aus: „A trustworthy communication that helps employees to understand the reasons and goals of the acquisition not only removes uncertainly, but makes employees supportive of change in general and even resistant to negative changes."[150]

Der erforderliche Integrationsplan beschreibt und konkretisiert alle erforderlichen Maßnahmen, die zur Erreichung der Integrationsziele eingeleitet werden müssen.[151]

---

[147] Vgl. Grösch, A., 1991, S. 87

[148] Vgl. Steinöcker, R., 1991, S. 105

[149] Vgl. Mozeson, M., Gretchko, S., 1998, S. 96

[150] Vgl. Nupponen, P, 1995, S. 55

[151] Vgl. Ott, J., 1990, S. 189

Um auch sehr komplexe Integrationen durchführen zu können, reicht es nicht aus, ein Integrationsteam unter einem Integrationsmanager mit unterstützender Hilfe externer Berater zu haben. Das Integrationsteam müßte mitunter so groß sein, daß eine flexible, effiziente Arbeitsweise nicht mehr möglich wäre, wenn es zum Beispiel darum geht, Organisation und Strukturen aufeinander abzustimmen, wo leicht mehrere tausend Mitarbeiter betroffen sein können.

Dieses Problem wird in der Literatur nicht nur beschrieben sondern auch zufriedenstellend gelöst, indem die Bildung eines professionellen Projektmanagements empfohlen wird, das in Form von „Task-Forces"[152] implementierbar ist. Eine solche Task-Force wird von Personen gebildet, die, temporär zum Akquisitions- und/oder Integrationsteam gehörend, aus dem Alltagsgeschäft herausgelöst in Projektform zusammenkommen, um sich einem eng umgrenzten Problem zu widmen. Es sind mit erheblichen Fachwissen ausgestattete Mitarbeiter beider Unternehmen, die in besonderer Weise prädestiniert sind, das Problemfeld zu erkennen, zu verstehen und mit ihrem einzubringenden Wissen zu lösen.

Der Regelfall ist, daß diese Task Force eine neue Organisationsstruktur entwickelt, die beide eingehenden Systeme berücksichtigend eine möglichst leichte Überführung des einen in das andere System (bzw. in ein völlig Neues bei Fusionen) ermöglicht.

Zumeist wird diese Task-Force vom Top-Management zusammengesetzt und eingebracht, manchmal aber auch durch den Integrationsmanager oder das Integrationsteam.

Als ganz großes Problem stellt sich der Faktor Zeit dar, denn da alle direkt Beteiligten mit der Akquisition leben müssen, muß sich auch aktiv selbst mit der Integration beschäftigt werden. Dies wiederum zieht Probleme mit sich. Eine Integration muß sich zunächst auf die Angleichung der Systeme beziehen, auf das Kennenlernen der Menschen, auf die partielle Synergienfindung und Implementierung und danach erst kann man sich dem Tagesgeschäft wieder voll widmen und dies routinieren. Der entstehende erhebliche Mehraufwand kann daher nicht von externen Beratern geleistet werden, da sie zwar über *eine höhere Objektivität verfügen*[153] aber nicht mit dem System leben müssen; der Mehraufwand ist daher von involvierten Mitarbeitern zu leisten. Dadurch ergeben sich Engpässe und Zielkonflikte mit dem zu bewältigenden Tagesgeschäft, was den Akquisitionserfolg zusätzlich hart bedroht. Unternehmen berichten aus der Praxis von massiven Interventionen seitens der Konkurrenz (dazu später eingehendere Ausführungen), die der Kundschaft glauben machen wollen, daß der Firmenzusammenschluß nachteilig sein wird, Service aufgrund der neuen Größe abnimmt und Anonymität zunimmt und mit teils sogar „wissenschaftlichen" Untersuchungen zu unterminieren versuchen, Headhunter werden im Auftrage tätig, Schlüsselpersonen und damit Humankapital abzuwerben.

---

[152] Vgl. Grösch, A., 1991, S. 85, Steinöcker, R., 1993, S. 124
[153] Vgl. Leimer, W., 1991, S. 244

72

All diese äußeren Einflüsse bedrohen das Tagesgeschäft und sorgen auch in aller Regel dafür, das Kundschaft verloren geht. Diese Effekte müssen mit eingeplant sein, denn sie sorgen für Verluste, und sie müssen hingenommen werden, denn die interne Umstrukturierung ist zu priorosieren, da sie die Basis schafft, solchen Anfeindungen überzeugend entgegenzutreten.

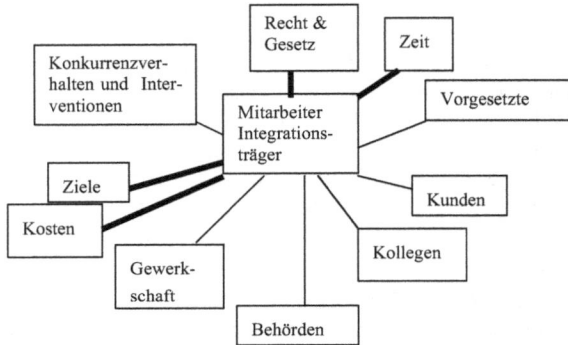

Abb. 13 Stakeholdergefüge des Intgrationsträgers[154]

Obiges Schaubild soll das Gefüge des in die Integration aktiv involvierten Mitarbeiters aufzeigen, denn er ist umgeben von Anspruchstellern, die ihre Interessen gewahrt wissen wollen. Dadurch, das die Interessen mannigfaltig sind und all diese unterschiedlichen Strömungen nicht von einer Person allein vertreten werden können, kann die Person im Mittelpunkt nicht für alle ein Interessenvertreter sein sondern wird vielmehr zum Interessenmanager, dem es obliegt, alle Anliegen zu sammeln und einzubringen.

Dies allein begrenzt ihn aber nicht, denn die angestrebten Synergieziele gilt es zu implementieren und der Konkurrenzdruck sowie die finanziellen Mittel verlangen nach einer möglichst schnellen Erreichung, damit der Kampf auf dem Markt gegen Wettbewerber und um Kunden und Anteile wieder aufgenommen werden kann. Der Prozeß der kostenintensiven Zusammenführung muß möglichst schnell einer Gewinnerzielung weichen.

Diese schwere Mittlerschaft ist an Teammitglieder zu delegieren, die vertrauenswürdig sind, damit von ihnen gemachte Aussagen in der Belegschaft akzeptiert werden, kontaktfreudig sind, denn die Mitglieder müssen aktiv auf Anspruchsteller und Betroffene zu- und eingehen, ein gewinnender Charakter ist dabei unerläßlich, Durchsetzungsvermögen und die Fähigkeit, schnell zu lernen und komplexe Probleme zu durchschauen sind aber gleichzeitig gefordert.[155]

---

[154] Eigene Darstellung
[155] Vgl. Ott, J., 1990, S. 185

Es ist, wie *Ott* beschreibt, eine „...gewisse Aufbruchstimmung"[156] zu schaffen, in der eine Atmosphäre entwickelt wird, die den Mitarbeiter zur Mithilfe anregt und in deren Maßnahmen er eine Verwirklichung erfährt, die ihrerseits eine Identifikation bewirkt und damit wiederum eine Ablehnung gegen eine Akzeptanz eingetauscht wird. Nur das „vollwertige" Gefühl des Mitarbeiters läßt ihn konstruktiv im neuen System arbeiten.

Bevor eine Integration eingeleitet wird, kann die hitzige Stimmung zum großen Teil beigelegt werden. Dazu bedarf es der Kommunikation und der Klärung wesentlicher Fragen im Vorfeld, die Unsicherheit reduzieren, wie z.b.:

- Wer wird der zukünftige Chef?
- Werden Entlassungen definitiv folgen oder nicht, wird die Fluktuation genutzt?
- Ändern sich Beschäftigungskonditionen (Tarife, Sozialleistungen)?
- Wird restrukturiert?
- Wie lautet der neue Firmenname?

Dies sind alles Fragen, die im Rahmen der Akquisition schon vor der Integration geklärt werden und deren Beantwortung daher nicht allzu großen Aufwand bedeutet aber dennoch den Ängsten der Mitarbeiter vorgreift. „Ob ein Firmenkauf oder eine Fusion erfolgreich verläuft, hängt nicht zuletzt davon ab, ob der Akquisiteur die Unsicherheiten und Ängste des Managements und der Belegschaft in den Griff bekommt oder nicht."[157] „...internal conflicts and a struggle for survival, which leads to diminished contact with the enviroment, for example with customers"[158]

Pragmatisch formuliert *Steinöcker*, daß der Weg vom *Mißtrauen zum Mißerfolg* der Akquisition läuft. Aber es ist in der Tat so, daß eine klare Politik und ein offener Austausch die Erfolgsquote der Integrationen beeinflußt. Laut einer Studie von *Priewe* zeigt folgendes Käuferverhalten eine Korrelation zu Erfolg oder Nichterfolg:

Käuferverhalten bei erfolgreichen Übernahmen:

- Klare Entscheidungskompetenzen   77%
- Bessere Gratifikationsstruktur   68%
- Visionen vermittelt   68%
- Deutliche Spielregeln   59%
- Gehaltene Versprechen   59%

---

[156] Vgl. ebenda, 1990, S. 187
[157] Vgl. Steinöcker, R., 1993, S. 127ff
[158] Vgl. Nupponen, P., 1995, S. 54

- Glaubwürdigkeit und Respekt hergestellt   55%

Bei erfolglosen Übernahmen:

- Keine Glaubwürdigkeit und Respekt hergestellt   45%
- Gebrochene Versprechen   41%
- Undeutliche Spielregeln   41%
- Keine Vision vermittelt   36%
- Schlechte Gratifikationsstruktur   32%
- Undurchsichtige Entscheidungskompetenzen   23%

Mit dem Ergebnis dieser Untersuchung wird deutlich, daß es dem Akquisiteur darauf ankommen muß, die Belegschaft, d.h. den Menschen als Human Ressource, zu gewinnen und in die Gesamtbelegschaft integrativ auszunehmen.

Auf ähnliche Untersuchungsergebnisse kommt auch *Axel Grösch*[159], der feststellt:

Erfolgreiche Übernahmen sind gekennzeichnet durch

- eine starke und visionäre Führung mit klarer Zielrichtung
- eine mit entsprechender Machtbefugnis ausgestattete Task force, die sich aus Mitarbeitern beider Unternehmen zusammensetzt und
- einer gelungenen Integration aller Mitarbeiter mit dem Ziel ihrer Identifikation mit der neuen Gesellschaft.

Als die wichtigsten Voraussetzungen postuliert *Annette Schäfer*[160]:

- Klare und entschiedene Führung (Klare Vision des Top-Managements, das nicht delegieren darf sondern selbst involviert sein muß).
- Bereitschaft zur Veränderung (Nur bei der Bereitschaft auf neues, kann Erfolg erwartet werden)
- Offene und umfassende Information (Ohne Kommunikation verliert man Mitarbeiter, Kunden, Lieferanten und so fort; transparente Entscheidungen sichern Rückhalt)
- Mitarbeitereinbeziehung (Minderung der Unsicherheit und Förderung des Zusammenwachsens).
- Schnelligkeit (Zentraler Schlüssel zum Erfolg; zusätzliche Zeit verringert die Chancen, Synergiepotentiale zu realisieren).

---

[159] Vgl. Grösch, A., 1991. S. 87
[160] Vgl. Schäfer, A., 1998, S. 129

- Solides Projektmanagement (Ein hochrangig besetztes Projektteam ist unerläßlich, kontraproduktiv sind übermäßige Perfektionsansprüche und „Hauruckverfahren").

Als ein Extremum der Ignoranz dieser Grundsätze sei *Annette Schäfer*[161] zitiert, die in ihrem Beitrag schreibt: „Die Belegschaft erfuhr es am Werkstor.", und damit die Fusion Boehringer Mannheim mit der schweizer Roche meint. Die Werkszeitung titelte „Willkommen bei Roche"[162], der Leitartikel kündigte auch den planmäßigen Abbau von 5.000 Stellen an, dies alles ohne vorherige Information, so mußte viel Zeit und Kraft darauf verwendet werden, die aufgebrachte Belegschaft zu beruhigen.

Mit einer Akquisition oder auch Fusion ergibt sich aber auch eine Chance, die von vielen Unternehmen nicht oder nur wenig umfangreich erkannt und genutzt wird. Ein solches Vorhaben bringt für die erworbene Gesellschaft eine eingehende Analyse und damit einhergehende, mitunter massive, Eingriffe und Neuerungen, wenn es sich um eine weitreichende, vollständige Integration handelt. Es muß hier aber auch erwogen werden, die erwerbende Gesellschaft bei dieser Gelegenheit grundsätzlich zu analysieren und diese bei Bedarf ebenfalls zu verändern. "The management may take the occasion of the merger to refocus and dramatize the new opportunities and potencial goals..."[163]. Die Abstimmung der beiden Systeme funktioniert somit einfacher. Eine solche Abstimmung ist gerade in Bereichen notwendig, die durch den Zusammenschluß zweifach vorhanden sind, denn wenn man z.B. den Außendienst betrachtet, so kommt es in einem gemeinsam bearbeiteten Markt zu einer internen „Konkurrenzierung"[164], die den Kampf zwischen beiden Gesellschaften fördert. Ein anzustrebendes Miteinander kann sich verkehren zu einem Gegeneinander, sich dadurch ergebene Redundanzen verursachen nicht genutzte Synergiepotentiale, die eine nicht optimale Kosten- und Ressourcennutzungsstruktur repräsentieren.

Wenn andererseits die Unterschiede der beiden Unternehmen zu groß sind (Produktverwandtschaft relevanter Markt), kann es durch ein Unverständnis zu Fehlern kommen, so daß es zu Integrations- und Motivationsproblemen kommt. Der Akquisiteur sollte in einem solchen Fall des „mangelnden strategischen Fits"[165] die Möglichkeit präferieren, den erworbenen Bereich als eigenständiges Profitcenter weiterzuführen, das nur generelle Zielvorgaben erhält, sich aber auf der operativen Ebene eigenständig bewegt. Entspricht dies nicht dem Ziel der Akquisition, das möglicherweise die vollständige Integration vorsieht, dann empfiehlt es sich „einen Erwerb in Teilschritten"[166] zu vollziehen, bei dem der Ak-

---

[161] Vgl. Schäfer, A., 1998, S. 126

[162] Vgl. Werkszeitung der Boehringer Mannheim am 26.05.1997

[163] Vgl. Ott, J., 1990, S. 195

[164] ebenda S. 209

[165] Vgl. Albrecht, S., 1994, S.84 - 85

[166] Vgl. Kitching, J., 1974, S. 133

quisiteur die erworbene Unternehmung zunächst kennenlernt und dann erst die Verantwortung für Entscheidungen übernimmt.

6.1. Corporate System Integration Konzept (CSI)

Axel Grösch[167] stellt in seiner Arbeit das Corporate Systems Integration-Konzept (CSI) vor, das auf die Unternehmensberatung Kienbaum zurückgeht. In einem fünf Phasen Modell wird von der Planung, Konkretisierung bis zur Realisierung der Integrationsprozess begleitet:

Phase 1: Zur systematischen und zielgerichteten Integration wird zunächst die Ausgangslage erfaßt, wobei die jeweiligen Strategien sowie Stärken und Schwächen der vormals unabhängigen Unternehmen besonders berücksichtigt werden. Dabei sind über Fragebögen und Analysen (Unternehmenskultur, Führungsstil, Ausgangserwartungen, Chancen und Risiken) Profile zu erstellen, die Kongruenzen und Diskongruenzen offenlegen.

Phase 2: Festlegung der zukünftigen, gemeinsamen Strategie und des kommenden Leistungsprogrammes. Workshops, Task-Forces und Interviews sind die Zielerreichungsinstrumente.

Phase 3: Nun beginnt die operative Betrachtung und Konkretisierung. Durch Ermittlung der Synergiepotentiale sollen die Chancen der Aktivitätsintegration eruiert werden und zwar wird die optimale Zusammenfassung aus den gegenwärtig wahrgenommenen Aktivitäten angestrebt, woraus sich eine Grobabschätzung des Integrationsaufwandes ableitet. Beschlossen wird diese Phase mit resultierenden aktivitätsbezogenen Integrationsempfehlungen und -prioritäten.

Phase 4: Nun findet die tatsächliche, aktive Integration der Organisationen und Unternehmensaktivitäten statt. Dazu gehört neben der formalen Integration die Konzeptionierung einer Zusammenarbeit, integrationsfördernde Personalarbeit, Visionierung und Strategiefortentwicklung.

Phase 5: Nach der Absicherung der neuen Struktur, und erst dann, folgt die Realisierung der avisierten Synergiepotentiale und die alleinige Fokussierung auf das Tagesgeschäft. Daneben werden Zeitabstände festgelegt, innerhalb derer die Zielerreichung überprüft werden soll.

Folgendes Modell verdeutlicht noch einmal das ständige Miteinander und die Gleichzeitigkeit verschiedener Aktivitäten und Ziele:

---

[167] Vgl. Grösch, A., 1991, S. 87 - 93

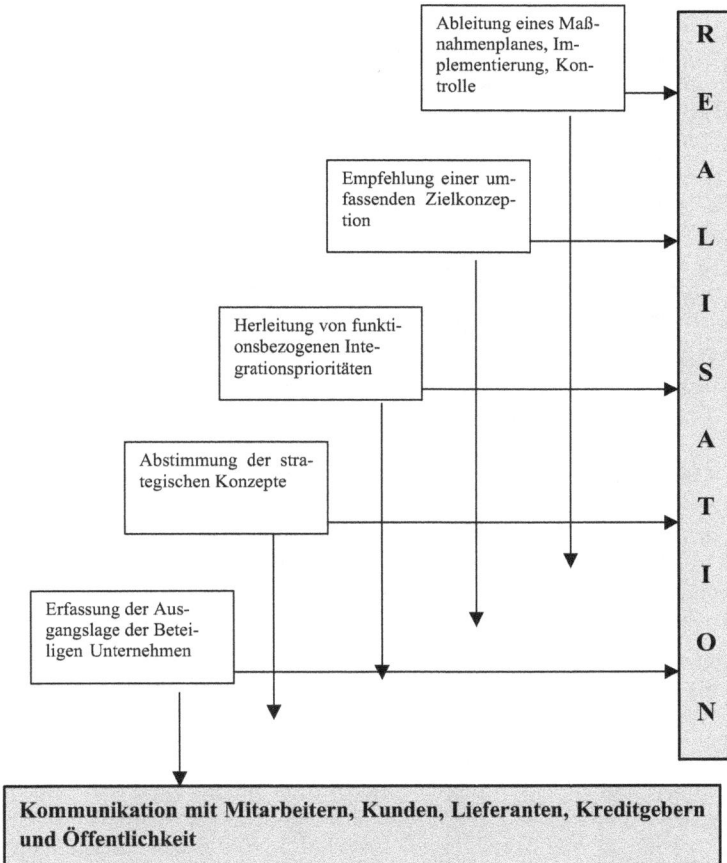

Abb. 14 Systematische, zielgerichtete Integration[168]

Das Modell ist deshalb so besonders zu empfehlen, da es zum einen die gleich-zeitige Bedeutung der internen wie externen Kommunikation neben der eben-falls erfolgswirksamen Maßnahmenumsetzung zeigt und betont, sowie anderer-seits die wichtigen Komponenten, wie zum Beispiel die mitarbeiterorientierte Personalpolitik, realisiert. Das Konzept ist breitflächig anwendbar und gilt für nahezu alle Akquisitionen oder Fusionen. Es spiegelt zudem die wesentliche Relevanz der Kommunikation und damit der Interaktion wider, die immanent sein muß, „Interactions are the core of post-merger integration"[169].

---

[168] Eigene Darstellung unter Zuhilfenahme der Kienbaum-Darstellung

[169] Vgl. Nupponen, P., 1995, S. 63

III. Praktischer Teil

Der nun anschließende Teil faßt die Erfahrungen des Autors zusammen, die er im Rahmen einer Interviewtätigkeit in verschiedenen Unternehmen gewonnen hat und soll widerspiegeln, inwiefern die Praxis die Thematik berücksichtigt, die der vorangegangenen Arbeit grundlegend war.

Interviewpartner waren die Bayer AG in Leverkusen und die zugehörige 100%ige Tochter AGFA in Antwerpen/Belgien, weiterhin die DKV[170] mit Sitz in Köln und die Unternehmensberatung und Wirtschaftsprüfungsgesellschaft PricewaterhouseCoopers in Basel/Schweiz. In einem jeweils etwa 1 1/1 – 2 Stunden währenden Gespräch wurde das Thema Akquisition/Fusion und die Integration schwerpunktmäßig diskutiert.

Der Autor faßt die Aussagen und Erfahrungen nun kurz zusammen und wird dabei rein deskriptiv vorgehen, eine Wertung soll nicht gegenständlich sein und nimmt eine untergeordnete Rolle ein.

1. Bayer AG, AGFA und Geschäftsbereich CC[171]

Innerhalb der Bayer AG und der AGFA hat der Autor mit Herrn Dipl.Kfm. Rittgen[172] des (VAKK) AKV[173], und Herrn Seufert[174], Vorstandsmitglied von AG-FA, gesprochen. Ferner wird sich auf diverse zur Verfügung gestellte Unterlagen berufen, die z.B. die Praxis des Geschäftsbereiche CC wiedergeben.

Zunächst läßt sich feststellen, daß es bei Bayer ein Integrationsmanagement explizit nicht gibt, denn die Unterlagen weisen dies nicht aus und Herr Rittgen bestätigt diese Aussage.

Der übliche Ablauf einer Akquisition weist eine sehr intensive Beschäftigung mit der Einleitung und Durchführung der Akquisition auf, aber nur eine sehr unscharfe Integrationsphase. Der AKV begleitet ein Akquisitionsvorhaben bis zur finalen Transaktion in begleitender und beratender Weise und übergibt nach Vertragsabschluß das Projekt zur Integration an den beteiligten Geschäftsbereich, der dann eigenverantwortlich und autonom das Weitere veranlaßt:

---

[170] Deutsche Krankenversicherung, die Anbieter im privaten Bereich ist.

[171] Consumer Care, dieser Bereich beschäftigt sich mit nichtethischer Selbstmedikation, also solchen pharmazeutischen Produkten, die frei verkäuflich oder apothekenpflichtig sind. Bekannte Marken sind beispielsweise Autan®, Aspirin®, Alka Selzer® und Baygon®.

[172] Am 23. April 1998

[173] Dies ist der zur Konzernplanung gehörende Ausschuß (Akquisitionen – Kooperationen & Veräußerungen), der dem Vorstand berichtet - Direktionsrundschreiben Nr. 2489 der Bayer AG. VAKK ist dagegen ein Vorstandsschuß.

[174] Am 10. Juni 1998

Die Akquisitionsphasen Zielphase, Zuordnungsphase, Suchphase, Aufbereitungsphase, Optimierungsphase und Umsetzungsphase werden jeweilig durch Aktionen bestimmt und subdividiert.[175]

Zielphase:

Das „strategische Konzept des GB/Vorstandes" inkludiert eine „Produkt-, Forschungs- und Marktstrategie", die grundlegend für jedes Akquisitionsprojekt verstanden werden. Damit kann z.b. zunächst eine „Make or Buy"-Entscheidung herbeigeführt werden, also ganz allgemein kategorisiert werden.

Die „Festlegung des eigenen Profils" bezieht sich auf den GB, der akquirieren möchte, wobei man ausgehend von einer klassischen Stärken-Schwächen-Analyse Bedarf erkennt und ein erstes Synergiepotental umreißt.

Zuordnungsphase:

Der erkannte Bedarf wird im folgenden auf einen Kandidaten fokossiert, dessen Suche mittels einer Analyse erfolgen soll, bei der man sich von einer Investmentbank unterstützen läßt, wenn das Projekt von ausreichender Größe oder Signifikanz ist. Die Kandidaten werden anhand von Akquisitionsprofilen in eine „Rankingliste" gebracht.

Eine vorläufige Bewertung in Form einer DCF-Rechung[176] ergibt eine vorläufige Kaufpreisvorstellung, der ein LOI-Entwurf[177] nachfolgt.

Suchphase:

Diese Phase ist bestimmt durch erste Gespräche mit den möglichen Akquisitionspartnern, nachdem denen der LOI zugegangen ist. Ein Informationsaustausch liefert weitere, der näheren Bewertung zuträgliche Informationen. Ein Secrecy Agreement enthält erste Abkommen und legt eine enge Auswahl der Kandidaten fest, die danach eine NBO erhalten, diese Non-Binding-Offer ist ein Kaufpreisangebot, das aber nicht verbindlich ist und als Verhandlungsbasis aufzufassen ist und dem Partner die vorläufige Höhe des akzeptablen Kaufpreises signalisiert.

Aufbereitungsphase:

Die Aufbereitungsphase wird eingeleitet und wesentlich bestimmt durch die Due Diligence, bei der die Kandidaten jeweils einen Data Room zur Verfügung stellen, in dem Geschäftsinformationen zur Beurteilung des Vorhabens bereitgehalten werden, die nach Belieben eingesehen und ausgewertet werden. Es werden Informationen hinsichtlich Marketing, Bilanzen, Produktion, Technik, Personal, Umwelt, Recht und Lizenzen generiert, zusätzliche Site Visits (Audits) bereichern das Bild.

---

[175] Darstellung in Anlehnung an den *Akquisitionsprozess* des *KP-AKV* der Bayer AG

[176] Discounted Cash Flow, Abzinsungsverfahren zur heutigen Bewertung zukünftiger Ergebnisströme.

[177] Letter of Intent, Dokument zur Anmeldung eines Kaufinteresses dem Verkäufer gegenüber.

Nach der Due Diligence erfolgt die endgültige Objektbewertung mit der DCF-Rechnung, wobei die möglichen Synergien als Werte mit einfließen. Die die Phase abschließende Entwicklung des Akquisitionskonzeptes legt den Preisrahmen, innerhalb dessen verhandelt wird, fest, entwickelt ein Finanzierungskonzept, den Zeitplan der näheren Zukunft und schließt ab mit der Genehmigung des VAK (Vorstandszustimmung) und der Festlegung auf einen endgültiges Angebot.

Optimierungsphase:

Dies ist die Durchführung der Transaktion selbst, die bestimmt ist durch Verhandlungen zum Vertrag, den zugehörigen Konditionen und dem Kaufpreis. Ferner wird die Genehmigung durch die Kartellbehörden beantragt und eingeholt.

Das Ende dieser Phase beschließt auch die Arbeit des AKV, wenn der Vertrag im sogenannten „Signing" unterschrieben wird, wobei ein Unterschied zwischen „Signing" und „Closing" hervorgehoben wird. Nach dem Signing kann es durchaus sein, daß z.B. die Genehmigung der Kartellbehörden noch aussteht, so daß das Ende der eigentlichen Akquisition erst mit dem Closing erreicht wird, wenn alle Voraussetzungen für die Übernahme gegeben sind.

Umsetzungsphase:

Diese Phase oberliegt nur dem Geschäftsbereich und ist die eigentliche Integrationsphase, die nach der Schaffung eines Zeitplanes die entsprechenden Verantwortlichkeiten festlegt und ein Organisationskonzept hervorbringt. Ein Akquisitionscontrolling überprüft in temporären Abständen die Synergieimplementierung und den Erreichungsgrad der strategischen Ziele.

Bei Bayer gibt es somit die klare Trennung zwischen der Akquisition, die vorstandsbegleitet und konzernbereichsunterstützt ist und der Integration, die dann zu 100% in die Verantwortlichkeit des Geschäftsbereiches fällt. Die Integration ist dabei zu verstehen als all die Maßnahmen, die dazu führen, den neuen Bereich organisatorisch einzubinden, Zielerreichungswerte zu planen und Mitarbeiter einzugliedern. Dies erfolgt aber nicht nach bestimmten Mustern oder Vorgaben, auch gibt es keine besonderen Erfahrungsträger, wie z.B. einen Integrationsmanager oder eine Integrationsabteilung, die zugezogen werden.

Die Due Diligence ist meist sehr kurz und liegt im Bereich zwei Tage[178], wobei das untersuchende Team variiert und bestehen kann aus Personal der Bereiche Finanzen, Bilanzen, Umweltschutz, Steuer, Personal, F&E sowie Mitgliedern des Geschäftsbereiches.

Der ermittelte Wert der materiellen und immateriellen Werte wird zudem mit einem Premium versehen, der ermittelt wird über die DCF-Rechnung und die zukünften Ertragsströme antizipieren soll, denn die stellen natürlich einen einzubeziehenden Wert da, der sowohl positiv als auch negativ sein kann.

---

[178] Laut Aussage des Herren Rittgen und Dr. Lubosch (GB OC)

Risiken und Fehlermöglichkeiten werden allgemein wie folgt eingeschätzt[179]

- Mangelhafte Due Diligence des zu übernehmenden Unternehmens
- Falsche Markteinschätzung
- Überzogene Synergieerwartungen
- Zu hoher Kaufpreis, falsche Einschätzung der Folgekosten
- Zu langsame oder auch zu radikale Integration, keine besondere Strategie über den Grad der Integration (Integrationsmanagement)
- Fehlendes Managementpotential zur Steuerung der neuen Einheit
- Keine oder unehrliche Informationspolitik, zu lange Verunsicherung der Mitarbeiter, Gefahr der Abwanderung von Mitarbeitern

Dies entspricht zum großen Teil der herrschenden Literaturmeinung, wenn gleichwohl einige Aspekte fehlen, insbesondere eine intensive Kommunikation und Integrationsmaßnahmen zur Zusammenführung der Mitarbeiter oder der Umgang mit Unternehmenskulturen.

Diese allgemeinen Vorgehensweisen werden in den Geschäftsbereichen und den Tochtergesellschaften des Bayer Konzerns individuell umgesetzt. Beispielhaft geht der Autor daher auf den Geschäftsbereich CC und die Bayer-Tochter AGFA ein.

Ausgehend von den Vorgaben der Konzernplanung (KP) hat der Bereich Consumer Care (CC) einen darin begründeten Prozessablauf über Screening (Kandidatenauswahl), Information Memorandum (allgemeine Informationsschrift und Interessensbegründung zu einzelnen Kandidaten), NBO/LOI, Due Diligence, Binding Offer, Contract, Signing und Closing.

Die Integration sieht einen sogenannten „Key to Success" vor, der aussagt:

From the beginning of the process, it is essential to consider how the business would be included into the existing business.

- Organisation
- Strategy
- Tactically
- Finance

Auch hier kein Verweis auf Unternehmenskultur und Human Ressource Management.

---

[179] Der Autor zitiert hierbei ein Präsentationschart der KP-AKV

Ein „Timing" sieht abschließend mindesten zwei „Reviews" vor, die zunächst nach dem ersten und dem dritten Jahr vorgenommen werden sollen und aufzeigen sollen, inwieweit die Integrationsziele erreicht wurden. Besondere Aufmerksamkeit genießt dabei die finanzielle Seite und das Erreichen der strategisch gesetzten Ziele sowie der Stand der Integration (organisatorisch).

Der Integrationsaufbau ist nach den Erfahrungen des Autors bei AGFA wesentlich anders. Am 10. Juni 1998 stellte sich das Vorstandsmitglied der AGFA-Gevaert Herr Werner Seufert zu einem sehr offenen, ertragreichen Gespräch zur Verfügung, das in Mortsel, einer Vorstadt Antwerpens in Belgien, stattfand.

Konkreter Hintergrund war der Kauf des Druckplatten- und graphischen Film Geschäftes von DuPont und der Verkauf der Kopierersparte an Lanier/USA, der auch Gegenstand des Gespräches mit Herrn Rittgen war. Die Integration des DuPont-Druckplattengeschäftes kann als vollständige Integration bezeichnet werden.

Anfang 1996 erwarb man das damalig für AGFA neue Druckplattengeschäft von Hoechst, das nunmehr ausgebaut wurde und einen guten Diversifikationsschritt und Stärkung der Aktivitäten außerhalb Europas bedeutet.

Herr Seufert ist im Vorstand für den Geschäftsbereich Graphische Systeme verantwortlich. Dieser GB tätigte alle Akquisitionen und Verkäufe der letzten Jahre der AGFA-Gevaert Gruppe.

AGFA führt seine Akquisitionsvorhaben in der beschriebenen Art und Weise durch, wobei alle Projekte ebenfalls vom VAKK genehmigt jedoch nicht vom AKV begleitet werden.

Eine Integration unterliegt einer Prioritätenreihenfolge, wobei die oberste Priorität klar dem Halten von Mitarbeitern, insbesondere der Schlüsselpersonen, gilt. Im Gegensatz zu Bayer definiert man bei AGFA explizit Schlüsselpersonen, die in besonderer Weise andere Mitarbeiter motivieren oder die besondere Kenntnisse oder Kundenkontakte haben. Unter den 2000 Mitarbeitern des DuPont Druckplattengeschäftes wurden zum Beispiel 40 Schlüsselpersonen identifiziert und mit besonderen Incentives gehalten, dies entspricht einer 2%-Quote.

Eine Schlüsselperson kann generell überall im Organigramm gefunden werden, ist längerfristig bereits dem Unternehmen zugehörig, ist Motivator und somit Incentive-Empfänger. Incentives reichen in diesem Zusammenhang von Geldmitteln bis hin zu guten Aufstiegs- und Entwicklungschancen. Schlüsselpersonen sind nicht zwangsläufig, sondern eher selten, dem Top-Management zugehörig.

Die nächste Priorisierung entfällt auf den Umsatz, den man zu halten versucht. Damit einhergehend versucht man den Kundenstamm nicht zu verlieren, es wird Überzeugungsarbeit geleistet, daß Angebot und Service nicht leiden sondern verbessert werden sollen, wenn erst die Umstrukturierungsanstrengungen vollbracht sind.

Das Zusammenwachsen und das Generieren von Synergien werden daran anschließend genauer betrachtet.

Schwierig gestaltete sich die Integration, weil ein erheblicher Anteil der Mitarbeiter und der Organisation von DuPont in den USA ansässig ist und sich länderspezifische Gegebenheiten präsentieren. In Deutschland begrenzt der Paragraph 613A des BGB die Integrationsmöglichkeiten und -aktivitäten, in dem er unter anderem vorschreibt, daß Mitarbeiter nach einer Übernahme mindestens ein Jahr bei gleichen Konditionen gehalten werden müssen. In den USA, und im übrigen auch in der Schweiz, gibt es nichts Vergleichbares und man erwartet dort, daß innerhalb von 3 – 6 Monaten die Integration abgeschlossen ist und jeder weiß, woran er ist. Diese divergierenden Gegebenheiten machen es sehr schwer, einheitlich zu verfahren, Unterschiede regionaler Art sind unerläßlich. Auch wenn Investmentbanken für das Projekt gute Dienste leisten, indem sie Erfahrung für den Ablauf mitbringen, so leisten sie doch keinen Beitrag bei der Integration, da ihnen dezidierte Kenntnisse dazu fehlen. Selbst bei der Kaufpreisermittlung sind realistische Marktpreise nur von Insidern generierbar.

Da es die regionalen Unterschiede nicht nur hinsichtlich der gesetzlichen Bestimmungen gibt, sondern auch die Kultur, die Mentalität, die Gepflogenheiten und die Politik betreffend, legt man auf der strategischen Ebene (W. Seufert) allgemeine Ziele fest, die der Regionalmanager oder Regionalverantwortliche vor Ort erreichen muß und der sich mit der Integration selbst zu beschäftigen hat. Somit delegiert Herr Seufert die Integration und läßt sich in bestimmten Abständen vom Integrationsfortschritt berichten.

Wann immer möglich läßt man Abteilungschefs an den Produktionsstandorten in ihrer Position, da der Wechsel für den Mitarbeiter selbst weniger beunruhigend wirkt und die Belegschaft, in ihrer bisherigen Form zunächst fortbestehend, leichter Vertrauen aufbaut. Gleichwohl befindet sich der Abteilungschef in der Verhandlungsphase in einer zwiespältigen Funktion, denn er muß simultan die Belange des Käufers, des Verkäufers und der Belegschaft im Auge haben und managen. Seine Aufgabe ist es, alle Interessen einzubringen und bei Konflikten Lösungen unterstützend zu erarbeiten.

Schwierig gestaltet sich immer die Einschätzung der Konkurrenz, die sich im Rahmen der besagten Akquisition sehr vehement gewehrt hat. Zunächst gab es durch die Europäische Kommission ein Hearing, das sich nach der erforderlichen Anmeldung bei der Kommission anschloß. Bei dem Hearing stellte AGFA sich einer Delegation aus Mitgliedern der Kommission und der Konkurrenz, um Vorwürfe der Marktdominanz zu beseitigen und Fragen zu beantworten. Somit war das Vorhaben nicht geheimzuhalten; die Konkurrenz begann mit Abwerbeversuchen und wollte die Kundschaft beeinflussen, in dem man zu verunsichern suchte. Nur die offene Kommunikation und Miteinbeziehung des Kunden in den Prozeß kann Vertrauen bewahren, dies führte man auch so durch. Insgesamt wurde das Vorhaben durch das Genehmigungsverfahren um mehrere Monate verzögert.

Vor der Übernahme wurden die Mitarbeiter umfangreich über das Vorhaben, die Pläne und Ziele, die Visionen und Standortpolitik sowie der AGFA-Philosophie informiert im Rahmen von Informationsveranstaltungen. Herr Seufert berichtet über den Erfolg der Maßnahme insofern, daß er von erwidertem Vertrauen spricht, das einem entgegenkam. Durch klare Organisation und Bekanntgabe der Länderverantwortlichen und der vorher erarbeiteten Konzepte kam es in sehr geringem Umfang zu Verunsicherungen. Die Mitarbeiter fanden sich nach der Akquisition in derselben Regionalorganisation und in den bestehenden Produktionsstätten wieder, so daß eine Veränderung in diesem Bereich nicht anstand und nur die Führung wechselte.

Herr Seufert hat die Integrationsverantwortung an die Länder- und Regionalverantwortlichen delegiert, da sie sich im Markt und mit dem Mentalitäten am besten auskennen und dahingehend weitreichende Freiheiten genießen. Sie haben allgemeine Gefahren zu erkennen und mit geeigneten Gegenmaßnahmen zu reagieren; diese Gefahren sind in erster Linie:

1) Konkurrenten streuen Unsicherheit (Lieferschwierigkeiten, Qualitätsprobleme)

2) Abwerbung

3) Unabhängigkeitsverlust (aus vormals zwei Lieferanten wird nun einer, um nicht von diesem einen abhängig zu werden, bietet sich die Konkurrenz als Zweitlieferant an)

4) Preiskampf

Herr Seufert führt innerhalb seiner Erfahrung aus, das meist etwa 20% des Umsatzes wegbrechen wegen der genannten Reaktionen, bei dem DuPont-Projekt ist aber zum Zeitpunkt des Interviews (vier Monate nach der Übernahme) noch kein Ergebnis verloren gegangen, was eine überaus erfolgreiche Integrationsarbeit der Länderverantwortlichen bescheinigt.

Sehr kritisch stellt sich die Situation dar, wenn Unternehmensteile verkauft werden, die örtlich so belassen werden, wie sie waren; dann sind die Mitarbeiter, die mit den alten Kollegen immer noch auf einem Werksgelände arbeiten sehr sensibel für Veränderungen gerade im monetären Bereich, denn sie haben den unmittelbaren Vergleich. Dies war beim DuPont-Projekt nicht gegeben, dem Herrn Seufert aber aus früheren Akquisitionen bekannt.

Länderverantwortliche stehen zwar unter dem Druck, diese Herausforderung bewältigen zu müssen, genießen aber gleichzeitig das Incentive, sich profilieren zu können und genau auf der Ebene muß man motivierend wirken. Ein Splittinglohn mit hohem variablen Anteil ist ebenso denkbar und belohnt eine gute Integrationsarbeit und damit hohe Zielerreichung.

Wenngleich es bei AGFA den Integrationsmanager explizit nicht gibt, ist das beschriebene Verfahren als durchaus praxistauglich und wirksam zu bezeichnen und repräsentiert entsprechenden Erfolg.

Somit entsteht generell der Eindruck, daß man bei AGFA bereits bewußt arbeitet und für konstruktive Verbesserungen im Bereich Integrationsmanagement offen ist, die sich erkanntermaßen aus der Natur der Sache heraus immer ergeben.

Konzernweit ist der Eindruck entstanden, daß eine Integrationsarbeit im Hinblick auf Human Ressource und Personalpolitik noch weiter forciert werden muß und durchaus Verbesserungspotential nutzbar wäre.

2. Deutsche Krankenversicherung (DKV)

Die nachfolgenden Ausführungen beziehen sich auf ein Interview des Autors am 19. September 1998 mit Herrn Garcia von der DKV in Köln. Herr Garcia arbeitet in der Auslandsabteilung als Länderreferent für Spanien.

Um die organisatorische Eingliederung des Herrn Garcia zu klären, muß man zunächst die Aufteilung der DKV im entsprechenden Bereich klären, die sehr interessant ist.

Einige Neueinsteiger im Bereich Ausland bekommen ein Projekt, das nichts anderes ist als ein Akquisitionsprojekt, welches es zu betreuen gilt. Herr Garcia ist so zu einem Projekt in Spanien gekommen, wo die Deutsche Krankenversicherung die spanische PREVIASA Versicherung akquiriert hat. Nach der Akquisition ist Herr Garcia dann zusammen mit anderen Bereichen für die Integration mitverantwortlich. Die Integartion als solche kann als autonome Integration bezeichnet werden, dazu später mehr.

Aus der Akquisitionsphase kennt der Projektbetreuer das Akquisitionssobjekt bereits sehr gut, da er ständig zwischen internen und den externen Stellen vermittelte, sprich die Ansprüche sowohl der zu akquirierenden Unternehmung wie auch der Zielsetzung internen Stellen, z.B. Vorstand, kennt. Durch Reisen und Teilnahme an der Due Diligence und der Aufbereitung sämtlicher Daten ist er mit dem Projektobjekt sehr vertraut.

Die DKV ihrerseits gehört zur ERGO Gruppe, die sich zusammensetzt aus der Hamburg Mannheimer, der Viktoria Versicherung, der DAS sowie der DKV. Die PREVIASA war ein Familienunternehmen mit ca. 450 Angestellten, die sich zu etwa 77% mit Krankenversicherungen beschäftigen und damit die Nummer fünf in Spanien ist, sie repräsentiert damit einem Marktanteil von ca. 4,3%. In Spanien sind alle Arbeiter und Angestellten staatlich pflichtversichert, nur die ca. 2 Millionen Beamten dürfen zwischen privater und gesetzlicher Krankenversicherung wählen, somit ist der Markt für Privatversicherte, in dem die DKV hauptsächlich arbeitet, in Spanien relativ klein. Zur Vervollständigung ist noch zu erwähnen, das Zünfte und Gilden eigene Versicherungen anbieten, die aber nicht als volle Privatversicherungen anzusehen sind, da die Versicherungsträger Gesellschaften wie die PREVIASA sind. Mit der Akquisition wurde aber die Intension verfolgt, auf dem spanischen Markt fußzufassen und damit die Strategie, der größte Krankenversicherer Europas zu bleiben, umzusetzten.

Durch besondere Zulassungverfahren, die die DKV bisher nicht beantragt hat, ist es einem Versicherer erst möglich, auf den spanischen Markt im Rahmen der Niederlassungs- und Dienstleistungsfreiheit zu drängen. Somit wird die PRE-VIASA zu einer eigenständigen Tochter und erhält nur generelle Zielvorgaben aus Köln und wird eine Optimierung ihrer Produkte vornehmen, die sich in Art und Umfang an der Produktgestaltung der DKV ausrichten. Weiterhin wird ein Mitarbeiteraustausch stattfinden, um den jeweils anderen Markt kennenzulernen.

Zu der Akquisition kam es, da sich die PREVIASA schnell expandierend finanziell übernommen hatte und man auf das Angebot der DKV einging, um das Familienunternehmen, das ansonsten über eine sehr gute Distribution und Wertlage verfügt, zu erhalten, wobei die DKV sich ihrerseits auf dem Markt umgesehen hatte und die PREVIASA als Kandidaten selektierte, die durch den finanziellen Umstand glücklicherweise auch tatsächlich zu übernehmen war, was sonst wohl eher unwahrscheinlich gewesen wäre.

Im April 1997 fand man sich zu ersten Gesprächen zusammen und wollte die Akquisition bis zum Signing am 11. Februar 1998 geheimhalten. Da aber die Presse von dem Vorhaben erfuhr, wurden die Akquisitionsbestrebungen völlig überraschen kurz vor Weihnachten 1997 veröffentlicht, die Belegschaft war sehr überrascht und verunsichert, denn sie hatte bis dato nichts bemerkt da die Geschäftsführung u.a. darauf bestand, daß die DKV-Mitarbeiter bis zum Vertragsschluß das Unternehmensgelände nicht betreten. Die mehrmonatige Due Diligence wurde daher beispielsweise außerhalb durchgeführt und ein Kontakt mit der Familie fand selten persönlich, üblicherweise über deren Investmentbank Mercaptital, statt.

Durch offene und breite Information ab dem Tag des Signings konnten die Ängste genommen werden, was auch dadurch erleichtert wurde, daß operativ nichts verändert werden sollte und große Umstrukturierungen nicht geplant waren.

Am Tag der Übernahme stellte die Familie, die die PREVIASA gegründet hatte, die DKV selbst vor, die offene Fragen beantwortete und die einige Dinge hervorhob, wie z.B. die Leistungsfähigkeit, die Tradition, das Engagement und die Arbeitsweise der Mitarbeiter der PREVIASA, was der Belegschaft besonders gefiel und ihnen Zuversicht gab.

Die Integration ist von großer Autonomiebelassung bestimmt. Kein Mitarbeiter wurde entlassen, operative Synergien zwischen DKV und PREVIASA sind z.Z. nicht geplant worden, da eine Zusammenarbeit nur durch Mitarbeitertausch geplant war. Eine Berichterstattung und Konsolidierung nach Köln muß gewährleistet sein. Hierbei kam es erwartungsgemäß zu Schwierigkeiten, denn die Aufbereitung der Zahlen und die Steuerung der Softwareprogramme unterscheidet sich in Spanien gegenüber der Deutschen. Die Kommunikation funktioniert derzeit über die spanischen Mitarbeiter selbst, den DKV-Mitarbeitern vor Ort oder mittels Herrn Garcia, der Probleme aufnimmt, analysiert und in Köln zur Klärung bringt, woran sich die Problemlösung in Spanien anschließt. Später soll die

PREVIASA, wie jede andere Abteilung auch, ihre Probleme direkt mit den entsprechenden Fachabteilungen selbst klären.

Die PREVIASA unterliegt einem Controlling, das überwacht, ob Ziele und Kennwerte erreicht werden.

Unterschiede der beiden Gesellschaften kann man konstatieren z.B. in der Unternehmenspolitik und –kultur. Die Mitarbeiter, so berichtet Herr Garcia, unterliegen einer sehr starken Identifikation, fast könnte man sagen, es handele sich um eine Familie. Die Mitarbeiter kennen sich untereinander und die DKV tat gut daran, keine massiven personellen Veränderungen zu implementieren, denn einem solchen Gefüge fällt jede Änderung sofort auf und könnte mit einer eher destruktiven Auseinandersetzung einhergehen. Der Eindruck von Arroganz und der Glaube, alles besser zu können konnten so vermieden werden.

Man geht sehr gern miteinander um, und arbeitet sehr motiviert. Eine starke Verhaftung zum Unternehmensgründer und den Nachfolgern, die das Unternehmen bis zur Übernahme durch die DKV leiteten, liegt vor und kann als klassisches Unternehmensheldentum mit einer historischen Figur, mit der man sich identifiziert, bezeichnet werden, was einen klar sichtbaren Ausfluß von Unternehmenskultur nach außen bedeutet. Um die Unternehmung zu sichern und zu halten, wurden anstandslos Überstunden und finanzielle Einbußen hingenommen, die Integrationsarbeit im Hinblick auf Implementierung neuer Systeme und die Angleichung wurde sehr engagiert wahrgenommen. Entscheidungen unterliegen kurzen Wegen und werden flexibel und schnell getroffen.

Die Bildmarke ließ die DKV bestehen und änderte nur den Wortmarke um, wobei bemerkt werden muß, daß die Anregung zur Änderung von den PREVIASA-Mitarbeitern selbst kam, die DKV hätte, um die Identifikation und die Motivation der Mitarbeiter nicht unnötig zu strapazieren, mit dem Umbenennen noch gewartet.

Die Kommunikation erfolgt in spanischer oder englischer Sprache, was beim Mitarbeiter der PREVIASA an sich als sehr gut bewertet wird.

Als Schlüsselpersonen hatte man einige Direktoren identifiziert, die in ihrer Funktion als wichtig definiert wurden, da sie das Geschäft, den Markt und die Mitarbeiter besser verstehen als DKV-Mitarbeiter und daher für einen ruhigen Übergang standen; zu dem steht die Beibehaltung dieser Personalebene in besonderer Weise für eine Kontinuität. Diese Planung erwies sich als zutreffend, nur ein Direktor entschloß sich, das Unternehmen zu verlassen.

Im Nachhinein können wenige Integrationsprobleme konstatiert werden, was ein Indikator für eine gelungene Integration ist. Problematisch war die überraschende Bekanntwerdung des Vorhabens kurz vor Weihnachten und die Neuimplementierung des Berichtswesens. Übliche Turbulenzen bei der Umstellung und Integration verließen bisher nicht den Rahmen des Normalen.

Änderungen gab es somit nur bei der Wortmarke, dem Rechnungswesen, im Rahmen einiger personeller Neuerungen und in der Strategie.

Es muß abschließend von einer erfolgreichen Integration gesprochen werden. Globaler gesehen verfügt die DKV, sofern es der Autor aussagen kann, über ein adäquates Integrationsmanagement, das sich praktisch bewährt. Die Organisationstruktur kann als ausgereift gelten, deren Aufbau (Akquisitionsbegleitung durch einen definierten Mitarbeiter, der durch anschließende Begleitung innerhalb eines Referendariats für das Land die Integrationstätigkeiten koordiniert und als Ansprechpartner zur Verfügung steht) besonders ist und ständige, verantwortungsvolle Integration sicherstellt.

3. PricewaterhouseCoopers

Die nachfolgenden Ausführungen beruhen auf einem Interview, das der Autor am 27. Juli 1998 mit Herrn Edgar Fluri und zwei seiner Mitarbeiter in Basel/Schweiz führte; daneben werden verschiedene Publikationen verwendet[180].

Der konkret betrachtete Fall ist eine Fusion und wird innerhalb dieser Arbeit mit in die Betrachtung genommen, da es zur Beschreibung eines praktischen Integrationsmanagements kommen kann.

Es handelt sich nicht um die Schilderung allgemeiner Vorgehensweisen, sondern um die Fokussierung auf ein bestimmtes Projekt.

Zunächst eine kurze Charakterisierung des Marktes, um einen Kontext zu präsentieren:

Der Weltmarkt, in dem PricewaterhouseCoopers eindeutig ein Player ist, setzte sich 1988, also vor zehn Jahren, noch aus acht Mitstreitern zusammen[181]. Schon 1992 waren es nur noch die sechs Konkurrenten AA, CL, PW, DTT, E&Y und KPMG und 1998 verzeichnet man nur noch fünf Player. AA ist seit 1988 die einzige Firma, die noch nicht fusionierte oder einen der Großen akquirierte. Beinahe wäre es sogar zu einem weiteren Merger zwischen KPMG und E&Y gekommen, aber dazu später mehr. Der Markt selbst ist durch sehr treue und loyale Kunden bestimmt, da diese im relevanten Bereich der Wirtschaftprüfung und der Bilanzierung sehr sensibel sind und den Wechsel einer einmal approbierten Accounting Firm nicht leicht vornehmen. Daher erfolgt eine zumeist enge Zusammenarbeit auf sehr vertrauensvoller Ebene; mitunter, bei den Großkunden der Accounting Firms, werden sogar Mitarbeiter in die Unternehmensorganisation des Kunden eingeflochten und besitzen ein eigenes Büro auf dem Kundengelände, somit örtlich sehr verbunden. Da die Gesetzgebung die externe Prüfung fordert, besteht der Zwang zur Nutzung einer Accounting Firm.

---

[180] „Ihr Partner für eine neue Welt", „Merger Update – Swiss" Nr. 1, 2, 3 und 5 (alle PricewaterhouseCoopers), Basler Zeitung und Projektunterlagen von Reto Isenegger, Universität St. Gallen, der sich mit dem Merger Projekt Management beschäftigte.

[181] Die Informationen stammen von CIFRA Research, die eine Befragung von 36.000 Unternehmen in 60 Ländern durchführte, dies 1988, 1992 und 1998. Markt ist hier die Sparte „Accounting Firms", also Wirtschaftprüfung.

Loyalität, Professionalität, Innovation und Feingefühl sind unersetzliche Voraussetzung für den Erfolg in der Branche. Der Kunde erwartet neben der zu erbringenden, gesetzlich vorgeschriebenen Leistung auch Optimierungsarbeit, die sich in Consulting, also Beratung, und effizienterer Gestaltung der Abläufe niederschlägt. Das Motto „alles aus einer Hand" verlangt ständig nach Erweiterung des Leistungsumfanges. Mit Rat und Tat soll man auch Projekte, Akquisitionen, Umstrukturierungen und Investitionen begleiten und wird somit zu einer teilweisen Mischung aus Accounting Services und Consulting. Hierfür braucht es Fachpersonal, Fachwissen, betriebliche Größe und langfristige Kenntnis des Kunden, was durch Vertrauen, Entwicklung und durch Fusionen mit anderen sowie Akquisitionen von anderen erreicht wird.

Daher schauten sich die Ausgangsgesellschaften der PricewaterhouseCoopers, Price Waterhouse und Coopers & Lybrand, jeweils unabhängig voneinander innerhalb eines „Integration-Project", wie es bei Coopers & Lybrand hieß, nach passenden Kandidaten um. Ziel war es, integrierte Organisationsstrukturen zu bilden. Die Firmenchefs Nick Moore und Jim Schiro trafen sich auf höchster Ebene im Sommer 1997, sie hatten sich schon 1995 zu Gesprächen zusammengefunden, und beschlossen die Zusammenlegung, die zunächst den Partnern vorgestellt wurde. Nur 40 Menschen wußten anfänglich weltweit von dem Vorhaben und begannen es auszuarbeiten. Die Zustimmung der Partner kam im November 1997. Neben der internen Diversifikation und des internen Wachstums konnte es somit auch zu externem Know-how-Zugewinn und zur Expansion kommen.

Integration

Trotz der unterschiedlichen Größe der beiden Ausgangsgesellschaften in der Schweiz, Coopers & Lybrand hatte in der Schweiz 1.700 Mitarbeiter und Revisuisse Price Waterhouse 1000 Mitarbeiter, stand das Merger unter dem Motto "Merger of Equales". Aufgrund der generellen Einigkeit der beiden Ausgangsgesellschaften zu dem Vorhaben ist keine Investmentbank bemüht worden. Restriktionen hat es seitens der Fusionskontrollbehörden nicht gegeben, gleichsam aber anfängliche Bedenken, die sich auf eine Marktbeherrschung bezogen, welche bei der Fusion hätte resultieren können. Die schweizer Behörden waren zudem sehr sensibilisiert, weil eine andere Großfusion auf dem Staatsgebiet anstand und die Öffentlichkeit die Entscheidungen sehr kritisch verfolgte.

Ziel des Mergers war es, Marktführer zu werden und zu bleiben, was genau formuliert heißt:

> „Führendes Unternehmen für integrierte Beratung, damit Ansprechpartner für alle Unternehmensfragen im Bereich Wirtschaftsprüfung und –beratung, Steuer- und Rechtsabteilung, Unternehmens- und Informatikberatung sowie die Durchführung oder Begleitung von Unternehmenskäufen und -verkäufen"[182].

---

[182] Vgl. Merger Update / Swiss, Nummer 1 vom 6. März 1998

Weiterhin gehören verbesserter Service, u.a. bessere lokale Präsenz auf der Welt, umfassendere Angebotspalette und durch Synergienbildung die optimalere Nutzung der Ressourcen zur Zielsetzung.

Durch unterschiedliche Stärken der Ausgangsgesellschaften konnte eine fast paßgenaue Angleichung stattfinden, man ergänzte sich sehr gut, so daß ein Ressourcen- oder Mitarbeiterabbau nicht erforderlich war, sondern eher der Ausbau derselben nötig sein wird.

Ein Akquisitions- oder Integrationscontrolling hat es im eigentlichen Sinne nicht gegeben, man führte nur ein Kostencontrolling akquisitionsbegleitend ein, das die Aufgabe hatte, die entstehenden Kosten für den Prozess zu dokumentieren.

Sehr überraschend und ungeahnt wirkte sich das Bekanntwerden des Merger auf die Konkurrenz aus. Es setzte Headhuntertätigkeit ein, man versuchte Mitarbeiter abzuwerben, denn in der relevanten Branche wandert mit einem Mitarbeiter bestimmtes Know-how, Fähigkeiten und Kunden (-stämme) ab, die die Konkurrenz ständig zu erwerben versucht. Unter normalen Bedingungen kann von einer großen Loyalität der Mitarbeiter gesprochen werden. Aber in einer üblicherweise von Unsicherheit und Unzufriedenheit geprägten Situation, wie einem bevorstehenden Merger, rechnen Konkurrenten mit der relativ einfachen Rekrutierung von Personal. Diesen Schwierigkeiten konnte PwC aber sehr gut widerstehen, der Personalbedarf wurde bekanntermaßen positiv beeinflußt durch den Merger, d.h. Abgänge konnten verhindert werden genauso wie Entlassungen. Die Entwicklungsmöglichkeiten der Mitarbeiter wurden von der Firmenleitung als sehr gut aufgezeigt. Das galt bei der Belegschaft als Incentive, sich aktiv einzubringen.

Diese Headhunter-Aktivitäten können als kleine Attacken gewertet werden im Vergleich zu dem, was KPMG und Ernst & Young anstrengten. Nach dem Bekanntwerden des Merger der PwC ließ man verlauten, ebenfalls fusionieren zu wollen, quasi als Gegenreaktion, die aus den großen Fünf nur noch die großen Vier hätte entstehen lassen. Dies wäre die weltgrößte Beratungsfirma geworden, deren Zusammengehen allerdings als zu überhastet geplant erscheint, denn schon am 13. Februar gab man offiziell das Scheitern des Vorhabens bekannt[183]. Allerdings war man bei KPMG und E&Y schon so weit gediehen, neue Organigramme erarbeitet zu haben, die einige der aktuellen Führungskräfte nicht mehr vorsahen. Die Stimmung unter der Belegschaft nach dem Scheitern, wo also jeder wußte, wer gegangen wäre und wer nicht, kann man sich allzu leicht vorstellen. Hierbei war die Kommunikation zu aggressiv betrieben worden.

Auch DTT (Deloitte Touche Tohmatsu International) bedienten sich eines aggressiven Vokabulars, um ihre Ängste bezüglich der Fusion öffentlich zu beschreiben, die ebenfalls, neben KPMG und E&Y, die Absicht hatten, die Fusion der PwC negativ zu beeinflussen. Weiterhin erschien eine Studie der Research International USA Inc., die 623 Führungskräfte befragte und herausgefunden

---

[183] Vgl. Financial Times vom 14./15. Februar 1998

haben will, daß 69 % der Befragten gegen die Fusion seien. Diese Studie kann aber deshalb kaum als wissenschaftlich bezeichnet werden, da sie von DTT in Auftrag gegeben wurde, die gleichzeitig eine aggressive Anzeigenkampagne gegen PwC und KPMG/E&Y startete und der DTT-CEO Ed Kangas ließ in einem firmeninternen Memorandum verlauten, daß man alles tun werde, die Fusionen zu verhindern, so z.b. Beeinflussung der europäischen und amerikanischen Wettbewerbsbehörden. So etwas hatte es bisher in der Branche nicht gegeben, insofern konnte damit niemand rechnen, denn das Ausmaß der Aggressivität war enorm. PwC betrieb eine intensive Kommunikationspolitik, seine Kunden zu informieren und schließlich zu binden, was auch gelang.

Dennoch gibt es Ängste der Firmen. In der Schweiz gibt es beispielsweise ebenfalls eine große Chemieindustrie, die im Konkurrenzkampf stehen. Mit der Wahl unterschiedlicher Wirtschaftsprüfungen verfolgte man einem Sicherheitstreben, das man durch die Fusionierung gefährdet sah, schließlich wurde aus Price Waterhouse und Coopers & Lybrand eine Firma. Man versicherte den Kunden daher die strikte Trennung der Unterlagen. Den Bedürfnissen der Kunden konnte entsprochen werden.

Besonders erwähnenswert ist die Kommunikationspolitik der Ausgangsgesellschaften nach dem Bekanntwerden der Fusion.

Zunächst wurde im Vorfeld der Bekanntgabe schon umfangreich geplant, so daß am Tage der Veröffentlichung eine dezidierte Information stattfinden konnte. Fragen konnten ausführlich beantwortet werden und die neue Organisation war in Grundzügen umrissen. Eine ausgeklügelte Informationspolitik stellte sicher, daß sich der Mitarbeiter informiert gehalten fühlte. Diesbezüglich wurde eine Extra-Zeitung ins Leben gerufen, die Swiss Merger Update, die insgesamt fünf mal erschien. Die Zeitung war wie folgt aufgebaut:

- Vorwort von Edgar Fluri (STG) und Peter Weibel (PW) auf der Titelseite. Darüberhinaus Interviews zur Information über die Fusion.

- Im Innenteil eine Reihe von Artikeln zur Begründung der Zusammenlegung (z.B. Globalisierung), Fragen der Belegschaft und deren Beantwortung, Pressestimmen zum Merger.

- Auf der letzten Seite präsentierte man Comics und, was besonders erwähnenswert ist, einen hiostorischen Abriss zum Effective Date – der Zusammenschluß wurde zum 01. Juli 1998 geplant und zu jedem 01. Juli der vergangenen 50 Jahre wurde kurz geschrieben, was da geschah. Somit wurde herausgestellt das dieser Termin etwas besonders war und ist. (Beispielsweise 01.07.1953, Erstbesteigung des Mount Everest, 1957, Gründung der EWG, 1964, der Minirock von Mary Quant entworfen beginnt seinen Siegeszug, 1974, Scheel wird deutscher Bundespräsident, usw.).

Regelmäßig kam es sowohl in der Schweiz als auch den internationalen Gesellschaften weltweit zur Versendung von Lotus-Notes-E-Mails an alle 144.000 Mitarbeiter der Ausgangsgesellschaften. Ordentliche und außerordentliche Meetings in Form von Informationsveranstaltungen ließen vis-a-vis Kontakt entstehen und erlaubten offene Fragen. Generell war neben Herr Fluri auch immer die gesamte Geschäftsleitung per E-Mail erreichbar, um Fragen zu beantworten. Der Mitarbeiter ansich konnte sich also sehr gut informiert fühlen und war auf dem Stand der Dinge.

Aber ebenso offen war der Umgang mit der Öffentlichkeit. Verlautbarungen und Interviews gab es für die Presse von Zeit zu Zeit. Darüber hinaus die Möglichkeit der jederzeitigen Nachfrage und Information. Dazu muß man z.b. auch die Bereitschaft zählen, dem Autor dieser Arbeit einen Termin zu gewähren.

Der 1. Juli 1998 selbst, der Tag der Fusion, war begleitet von allerlei Integrationsaktivität, wie sie der Autor sonst nirgendwo gefunden hat. Es gab die bekannten Zeremonien und Veranstaltungen aber darüber hinaus noch zusätzliches. In einer großen Feier, die weltweit an allen Sitzen der Gesellschaft für alle Mitarbeiter stattfand, konnte man sich kennenlernen, denn es gab Spiele, um sich näher zu kommen, jeder trug Namensschilder, um ansprechbar zu sein, man unterhielt sich, besuchte Informationsveranstaltungen und kam sich in gelockerter Atmosphäre näher. In Zürich selbst kamen weit über 1000 Mitarbeiter zusammen.

Jeder Mitarbeiter fand am ersten Tag ein besonders erwähnenswertes Präsent auf seinem Schreibtisch: Ein Buch, in dem sämtliche Mitarbeiter via Foto abgebildet waren, wozu es eine Kurzvorstellung gab (Name, Familienstand, Eintritt in die (Vorgänger-) Firma). So konnte man sich in der neuen Organisation anschauen, mit wem man es zu tun bekommt, ob nun der zukünftige Kollege am Schreibtisch gegenüber oder am Telefon und im Schriftverkehr.

Die Resonanz darauf war sehr gut, ein Zusammengehörigkeitsgefühl konnte so schon früh implementiert werden.

Aber die PwC hat dieses einschneidende Projekt auch dazu genutzt, einige vormals existierende Dinge grundlegend zu ändern. So wurde z.B. die Werbung und damit das Image nach außen neu überdacht. Statt Models werden in den Broschüren nun Mitarbeiter abgebildet, also Menschen aus dem Leben, mit denen man sich besser identifizieren kann. Ein US-amerikanischer Künstler steuert Art-Design Bilder bei, die nicht den konservativen, gewohnten Stil von Bildern repräsentieren sondern innovativ und kreativ wirken. Die Fotos sind nicht Mittel zum Zweck oder dienen der simplen Auflockerung, sondern sie allein machen es schon wert, eine PwC-Broschüre zu beachten und sich für sie zu interessieren. Der verhältnismäßig lange Firmenname PricewaterhouseCoopers wird tatsächlich zusammen geschrieben und stellt sich mit nacheinander auf und abgestellten Buchstaben dar, was sehr signifikant da einzigartig ist. Den Schriftzug einmal gesehen, erkennt man sofort wieder, ohne den Namen zu lesen.

Vor der Integration sah man folgende Risiken[184]

- Sub-optimal Performance
- Conflicting Priorities
- Loss of Focus
- Missed Client Opportunities
- Poor Morale
- Loss of Key Talents
- Damage of Credibility
- Increased Complexity and Costs

Wobei, bezogen, auf das Konkurrenzverthalten und die Gegebenheiten des Marktes, sicherlich am wesentlichsten die Punkte „Schlechte Moral", „Verlust von Schlüsselfähigkeiten", und „Reputationsverlust"[185] waren.

Daraus ergaben sich die Handlungsempfehlungen in der Reihenfolge ihrer Bedeutung:

- Keep the eyes on the business, clients first!
- Demonstrate Leadership – avoid politics
- Start managing the integration immediately
- Speed before perfection
- Never mind if you are not always in full controll
- Keep people informed
- The first reaction in a merger is „What happens with me?"
- Instability and change is a chance for new ideas and improvements

Besonders erwähnenswert ist hier das sofortige Anlaufen der Integrationsmaßnahmen und der Grundsatz Schnelligkeit vor Perfektion. Es gab keine Besorgnis darüber, daß nicht immer alles voll unter Kontrolle war, da es zwangsläufig in einem solchen Projekt zu Unsicherheiten kommt. Die Leute wurden informiert gehalten und die Atmosphäre der Instabilität bot die genutzte Chance, neue Ideen und Verbesserungen zu etablieren.

Dies zeugt von einem sehr tiefen Verständnis der Problematik, es kann in einer solch komplexen Situation nicht immer alles voll ausdiskutiert und auf langem Dienstwege erörtert werden. Schnelles Vorgehen ist offenbar ein Faktor zum Erfolg, die Perfektion kann bei Erreichen eines Routinegeschäftes wieder angestrebt werden, kann aber nicht die erste Priorität sein.

---

[184] Laut der von der St. Gallener Gruppe erarbeiteten Ergebnisse.

[185] Übersetzung des Autors

Trotz der Tatsache, daß der Autor nur vier Wochen nach der Fusion mit Herrn Fluri sprach, kann schon ausgesagt werden, daß die Integration erfolgreich war, gerade die schwierige Zeit kurz nach Zusammenschluß verlief gut, ebenso die Zeit seit der offiziellen Ankündigung, die ja schon einige Monate zurück lag. Die Mitarbeiter machen einen zufriedenen Eindruck, Ängste zeichnen sich nicht ab, eher im Gegenteil sieht jeder gute Entwicklungschancen in dem neuen Konglomerat. Die neu begonnene Geschichte mit den darin genutzten Chancen sorgt für einen guten Blick in die Zukunft, in welcher der leistende Mitarbeiter sich verwirklicht und aufgehoben fühlt.

Der Gesamteindruck, der entstanden ist, war sehr gut und beeindruckt durch völlig neue Ideen zur Gestaltung der Integration (First-Day-Party, Kollegenbuch auf jeden Schreibtisch, Informationspolitik). Aus der Handhabe der PwC läßt sich sicherlich für viele Firmen lernenswertes ableiten.

4. General Electric – Wheel of Fortune

Bei dem Wheel of Fortune handelt es sich um die Integrationsgestaltung der Firma General Electric, die diesen Ansatz über viele Jahre entwickelt, diskutiert, verbessert und redefiniert hat. Die Darstellung des Models aus der Havard Business Review[186] befindet sich im Anhang.

Der Autor kann im Falle der General Electric nicht auf ein Gespräch zurückgreifen, möchte sich aber dennoch auf das Model beziehen, da es sehr praxisnah und gut anwendbar ist.

General Electric hat in den letzten fünf Jahren mehr als 100 Akquisitionen durchgeführt, was die Belegschaft der Firma um 30% ansteigen ließ[187]. Man versteht das Wachstum durch Akquisition als Kernfähigkeit und als Wettbewerbsvorteil, mit dem man in Zukunft bestehen möchte. Die Business School of Havard war mitwirkend bei der Formulierung des Models des Wheel of Fortune.

Der Anfang des Wheels und damit der Integrationstätigkeiten bei einer Akquisition ist die Due Diligence und besteht aus der Preacquisition, die ihrerseits aus dem drei Teilen Due Diligence, Verhandlung/Veröffentlichung und Close besteht. Schon während dieser Phase, so rät das Modell, ist mit der kulturellen Abschätzung des Partners zu beginnen, um Kultur- und Geschäftsbarrieren zu erkennen, die eventuell den späteren Integrationsprozess schädigen oder gar verhindern könnten. In dieser Phase sollte schon der Integrationsmanager ernannt werden und eine Kommunikationsstrategie entwickelt werden.

Die nächste Phase, die Foundation Building, ist zusammengesetzt aus Launch, Ablaufausgestaltung der Akquisition und der Integration sowie der Strategieformulierung.

---

[186] Vgl. Havard Business Review, Ashkenas, R. 1998, S. 167.

[187] Ebenda S. 166

Der Integrationsmanager wird nun offiziell und formell vorgestellt und eingeführt, er übernimmt seine Verantwortung für das Projekt und formuliert dafür einen Integrationsplan, der auch einen Kommunikationsplan der ersten 100 Tage enthalten muß.

Rapid Integration folgt als nächste Stufe, in der man sich ganz klar dem Grundsatz verschreibt, daß Integrationen bei GE schnell zu implementieren sind, ein sehr typischer amerikanischer Ansatz. Die Implementation und Regulierung stehen hier im Vordergrund. Die ausgearbeiteten Integrationsmaßnahmen werden umgesetzt und das Feedback der Involvierten führt zu einer kontinuierlichen Adaption der Integration.

Abschließend sieht das Modell die Beendigung der Integration vor, die darin besteht, was die langfristige Fortführung von Maßnahmen bedeutet, wie z.B. das Entwickeln gemeinsamer Praktiken, Prozesse, Sprache und Artefakte. Von Zeit zu Zeit soll die Zielerreichung kontrolliert werden, der Return on Investment bewertet werden und bei Bedarf adjustiert werden.

Es erscheint dem Modell und GE besonders wichtig, eine vernünftige, ausgereifte und umfangreiche Informationspolitik zu verfolgen, eine 48 hour communication blitz ist direkt nach der Vertragsunterzeichnung an die betroffenen Mitarbeiter zu richten, um die bevorstehende Akquisition zu erläutern und das Vertrauen der neuen Belegschaft zu gewinnen.

> „Decisions about management structure, key roles, reporting, relationships, layoffs, restructuring and other career affecting aspects of the integration should be made, announced, and implemented as soon as possible after the deal is signed – within days, if possible. Creeping changes, uncertaintly, and anxiety that lasts for months are debilitating and immediately start to drain value from an acquisition."[188]

Die Integration soll nicht nur sehr schnell gehen, sondern unterliegt dem Grundsatz: Integrating earlier is better; nicht erst nach der Akquisition soll die Integration beginnen sondern im Idealfall schon während der Due Diligence, also der Phase, in der zwar noch einige Kandidaten im Rennen sind, die engere Wahl aber schon getroffen ist. Als Beispiel, wie man schon in dieser frühen Phase auf die Mitarbeiter eingeht, sei der Kauf eines europäischen Einzelhändlers genannt. Als man dort im Jahre 1990 die Due Diligence vornahm, stellte sich heraus, daß die Mitarbeiter bezüglich der Akquisition besorgt waren und im speziellen um ihre bisherigen Einkaufsrebatte fürchteten, die sie eingeräumt bekamen. GE sagte die entsprechenden Prozente für mindesten ein Jahr fest zu und erklärte sich bereit, in den danach folgenden Jahren jedem Angestellten 200 US$ pro Jahr als Ersatz dafür zu zahlen. Es soll sich dabei um eine positiver Erfahrung gehandelt haben und die Moral der Leute hätte sich signifikant verbessert.

Der Integrationsmanager ist während des Projektes von der Arbeit freigestellt und widmet sich vollzeitig dieser Arbeit, er ist jemand, der GE sehr gut kennt

---

[188] Vgl. Ashkenas, R., 1998, S. 172

und der in der Evaluationsphase, zu der auch die Due Diligence gehört, Projektmitglied gewesen ist, so daß er beide Unternehmen kennt. Sein Augenmerk ist, so wie es GE versteht, nicht nur auf Profit und Geschäftswachstum gerichtet, er hat auch für die Integration der Kulturen und Geschäfte zu sorgen, legt Schlüsselpersonen fest, wo er besondere Incentives vergibt, und sorgt dafür, daß Kunden beibehalten werden und nicht verloren gehen. Der Integrationsmanager ist nicht zwingend männlich sondern ist zuweilen auch weiblich.

Diesem Integrationsmanger wird bei GE, im Gegensatz zu vielen anderen Unternehmen, eine besondere Aufmerksamkeit zuteil; er ist genau definiert:

- Ein high potential (weniger erfahren aber mit sehr guten Referenzen, der zukünftig als Business Manager gesehen wird) oder ein erfahrener Mitarbeiter aus der Praxis (für komplexere Vorhaben, er kennt GE genauestens und bewies in der Vergangenheit Managementfähigkeiten).
- Mitglied des Due Diligence Team
- Losgelöst vom Tagesgeschäft
- Wird zumeist Führungskraft oder Mitglied im leitenden Ausschuß der akquirierten Unternehmung
- Stammen häufig aus den Bereichen Human Ressources, Auditing, Finanzen, Technik, Marketing oder Recht.
- Zweit- oder gar Drittsprachenkenntnisse sind wünschenswert, mitunter Voraussetzung.
- Interpersonelle Fähigkeiten (Erkennen kultureller Unterschiede).

Der Integrationsmanger hat bei der Integration definitionsgemäß die nachfolgenden Aufgaben:

- Zusammenarbeit mit den Managern beider Unternehmen, jedoch im speziellen mit denen der akquirierten Unternehmung
- Formulierung von Praktiken und Standards.
- Strategieentwicklung, sowie deren Koordinierung und Absprache.
- Hilfe bei der Implementierung neuer Funktionen.
- Hilfe beim Verstehen und Einführen der GE Systeme und Verfahrensweisen (EDV, Strukturen, Berichtswesen, Budgetierung, usw.)
- Kommunikation und Zusammenführung der Belegschaften.

Eine weitere wichtige Funktion ist die Beratung. Wenn die Manager von GE Maßnahmen planen, soll der Integrationsmanager aufgrund seines Wissens einschätzen, wie die Belegschaft reagieren wird, wie man einer eventuellen Unzufriedenheit vorbeugen kann, was angemessene, zielführende Incentives wären.

Sorgen der Mitarbeiter, die sich oft wie „Stupid questions" anhören, müssen ernstgenommen werden um sollen konsistent beantwortet werden; die Fragen, die sich häufen, werden bei der nächsten Integration schon im Vorfeld informativ geklärt, so daß die Unsicherheit der Mitarbeiter minimiert wird und man der Belegschaft entgegenkommt.

Das Dilemma der Manager der akquirierten Unternehmung, einerseits um den Job bangen zu müssen, aber gleichzeitig auch mit der psychologisch schwierigen Situation für sich und seine Mitarbeiter zu kämpfen, ist erkannt und wird damit entschärft, daß in einer Reihe von Akquisitionen dem Management Arbeitszusagen erteilte wurden und darüber hinaus die Organisation intakt belassen wurden, um einem Vertrauensproblem vorwegzugreifen. Im besonderen wurden solche Maßnahmen im europäischen Raum nötig, da diese Kultur bei GE als schwierig eingestuft wird, Akquisitionen in anderen Ländern und Regionen seien einfacher. Generell sollte man, den Aussagen GE folgend, Änderungen ankündigen soweit sie kommen werden und müssen (Never tell the acqired staff that it will be business as usual when it never will be again). Tituliert man die Akquisition als „Merger of Equals" wo es tatsächlich eine Übernahme ist, muß man mit verheerenden Folgen rechnen, da sich die Mitarbeiter belogen fühlen, denn Titel und Realität divergieren in einem solchen Fall.

Da mitunter Tausende von Mitarbeitern zusammenkommen, die kulturell geeint werden müssen, technische Abläufe müssen synchronisiert werden; man muß schlicht lernen, zusammen zu leben, was nach Ansicht von GE nur schnell gehen kann. Die Erwartungshaltung muß genutzt werden, um Änderungen durchzusetzen, denn ihr (der Erwartungshaltung) ist viel Energie verborgen: „Meet – Greet – and Plan" (die ersten 100 Tage sollen den Großteil der Integration abschließen)[189].

Zum Thema Kommunikation gibt es bei GE folgende Parole:

Communicate, communicate and then communikate some more.[190]

Dies sagt fast alles aus, was es dazu zu sagen gibt. Kommuniziert werden soll an interne wie externe Stellen so schnell wie es eben nach der Vertragsunterzeichnung geht, dieser Prozess der Kommunikation soll dabei nachhaltig sein, der Bedarf dafür geht nicht zurück, denn die Beantwortung einer Frage wirft meist mehrere weitere Fragen auf. Infomationsmedien und –möglichkeiten sieht man wie folgt:

- Informationstafeln/Schwarze Bretter
- Diskussionsrunden
- Gespräche
- E-Mail

---

[189] Vgl. Ashkenas, R., 1998, S. 175

[190] Ebenda, S. 176

- Zeitungen und Infoblätter
- Besuche
- Grupperngespräche
- Videos
- Telefoninfo-Lines
- Inter-, Intranet

Je schneller die Mitarbeiter die Möglichkeit erhalten, zusammen zu arbeiten und sich an den neuen Alltag zu gewöhnen, desto besser wird der Integrationserfolg zu bewerten sein, da man sich kennenlernt, Kosten minimiert und nach außen einig wirkt und den Kunden damit Sicherheit signalisiert.

Bei GE steht man aber trotz dieses ausgereiften Models auf dem Standpunkt, daß man heute gut ist, aber daß es immer wieder Verbesserungspotential gibt, wenn die Erfahrungen der nächsten Akquisitionen aufkommen. So muß man zum Beispiel mit einer Flut neuer Informationen rechnen, wenn man erst verstärkt in den asiatischen und speziell in den chinesischen Markt vordringt.

Als Schlußwort sei der letzte Satz Ronald Ashkenas genannt:

> *„Today, drawing from the lessons it has learned, GE is better at acquisitions than it was last year. But next year, the goal is to be even better.“*[191]

5. Novartis

Gegenstand einer weiteren kurzen Betrachtung soll das Beispiel Novartis sein, das 1996 aus den beiden schweizer Firmen Sandoz und Ciba hervorgegangen ist. Seit dem ist der Umsatz und der Gewinn um etwa 40 % angestiegen. Daniel Vasella, geschäftsführendes Mitglied der Novartis, stellte sich zum Interview, was Grundlage dieser Betrachtung ist[192].

Der Fokus der Fusion war ganz klar darin gesetzt, den Neuanfang zu nutzten, um innovativer zu werden, die Geschichte hinter sich zu lassen und die Mitarbeiter stark zu involvieren indem mehr Verantwortung delegiert und erwartet wurde.

Synergieerzielung, Spin-Offs, Frühpensionierungen und Mitarbeiterreduzierung sollte den Kostenapparat und die Organisationen mit ihren Abläufen reformieren und damit ökonomisieren.

Eine Spezialisierung im Bereich „Life Sciences" wurde angestrebt, alles, was von den Ausgangsgesellschaften stammend nicht in dieses Konzept paßte, wurde abgestoßen, Neuakquisitionen unterstützten die neue Linie noch: Z. B. wurde

---

[191] Ebenda S. 178

[192] Vgl. Kobernstein, W., Evolution of Value, in Pharmaceutical Executive, 1998, S. 40 - 56

von Merck das Insektizit Geschäft übernommen und ein koreanisches Saatgeschäft gekauft. Durch Spin-Off ausgegliedert wurde das Speciality-Geschäft.

Intern führte man die F&E Abteilung und das Marketing zusammen, eine gemeinsame Projektpriorisierung fügt die Anstrengungen zusammen und verhindert Redundanzen. Eine soziale Verantwortung soll nicht nur den eigenen Mitarbeitern gegenüber gelten, sondern auch den Menschen der kommenden Märkte wie z. B Indien, Pakistan, China und Afrika.

Von Anfang an galt hier ebenfalls eine kontinuierliche und intensive Informationspolitik, die dem Management und den Bereichsleitern unterstand, deren Aufgabe es auch war, eine Atmosphäre zu schaffen, in der Menschen sich trauen und sich gegenseitig unterstützen.

Vasella mußte zu allererst die aufgebrachten und beunruhigten Stimmen beruhigen, denn zu Anfang hatte es Spannungen zwischen den beiden Ausgangsgesellschaften gegeben. Der Hauptfokus galt auf der internen Ebene, dem Mitarbeiter dadurch eine gute Zukunft aufzuzeigen, indem man Perspektiven aufzeichnet: „We must invest in the people".[193] Das hat zum einen den Vorteil, das Menschen sich ernstgenommen fühlen, es als lohneswert erachten, sich anzustrengen, dies bedeutet aber zum anderen, daß sich der Bildungs- und Wissensstand in der Unternehmung erheblich verbessert und dies auch von Kunden honoriert wird. Dazu erwartete Vasella aber, daß die Angestellten willens waren, zu lernen und die Firma die Atmosphäre schaffte, die dem Mitarbeiter dies vereinfacht. Mitarbeiter, die sich mit dieser klar kommunizierten Zielsetzung nicht anfreunden konnten, waren frei darin, die Firma konsequenterweise zu verlassen. Mit der verbliebenen Belegschaft hatte Vasella motivierte und engagierte Mitarbeiter, mit denen er eine Akquisition und Integration vollbrachte, deren Verlauf weitaus besser war, als von kritischen Stimmen prognostiziert wurde.[194]

Es ist aber nicht von der Hand zu weisen, daß man es hier mit einer sehr zeitintensiven Maßnahme zu tun hat, die, wie schon bekannt, neben dem Tagesgeschäft laufen muß, gerade bei Novartis, wo ein Großteil der beteiligten Mitarbeiter tatsächliche Zusatzarbeit leisteten und nicht freigestellt wurden, „In Basel herrscht vordergründig Ruhe. Hinter den Kulissen macht sich jedoch Streß und Hektik breit. ´Nach der normalen Arbeitszeit muß der Integrationsprozeß bewältigt werden´, erzählt Elisabeth Spreng, Präsidentin der Akademiker-Vereinigung bei Sandoz. Sonntagsarbeit und abendliche Überstunden sind jetzt häufig: Das Familienleben kommt oft zu kurz."[195]

Der Ansatz intensiver Kommunikation und Incentiveschaffung in Form von verbesserten Entwicklungschancen durch Fortbildung scheint ebenfalls erfolgreich zu sein und kreiert nach außen ein Bild von theoretisch gut fundierter Pro-

---

[193] Ebenda S. 43

[194] Nicht näher bestimmte Prognosen sahen unmittelbar nach der Fusion eine Firmenwertvernichtung von 2,4 % vorraus, tatsächlich wuchs derselbe aber um ca. 100 % (von 60 Mrd. $ vor der Fusion auf aktuell 125 Mrd. $ - Pharmaceitical Executive S. 41.)

[195] Vgl. Süddeutsche Zeitung vom 10.10.1996, S. 31

fessionalität. Das Integrieren von Kernbereichen und die Fokussierung auf eine Spezialisierung erscheint ebenso erfolgversprechend.

Abschließend sei die Bewertung mit Wayne Yetter, Chief Executive Oficer (CEO) bei Novartis, formuliert, der sagt:

> *„The Integration has gone very well. We spend a lot of time last year developing a shared vision of Novartis, and there is a growing sense of mission and exitement amoung our empolyees about what we are achieving.“[196].*

---

[196] Ebenda, S. 46.

IV. Idealtypischer Integrationsverlauf

Die nachfolgenden Ausführungen des diese Arbeit abschließenden Teils sind sicherlich nicht in der Absicht zu lesen, dezidierte Zusammenschlußkonzeptionen für den eigenen Betrieb zu erfahren. Der Zusammenschluß in den verschiedenen Industriezweigen und Branchen ist so mannigfaltig, daß es eine total gültige Fassung gar nicht geben kann. Der Autor muß sich daher darauf beschränken, Hinweise und Empfehlungen allgemeinerer, umfassenderer Natur zu geben, die sich jeweils auf die einzelnen Teilabschnitte der Integration beziehen, aus denen sich aber zweifelsohne speziell gültige Maßnahmen ableiten lassen sollten.

Zunächst soll an dieser Stelle die Situation veranschaulicht werden, in der sich der Mitarbeiter befindet, wenn es in einem Unternehmen arbeitet, daß gerade von einem anderen übernommen worden ist.

Es handelt sich dabei um eine Extremsituation, die von Gefühlen stark durchflutet ist. Der Mitarbeiter unterliegt einer „Sorge um den Arbeitsplatz oder der Angst um die mögliche Zerschlagung und Ausschlachtung des übernommenen Unternehmens sorgen für große Verunsicherung."[197] Es gibt „Manager mit erschüttertem Selbstwertgefühl, mit der Angst, vor Einkommens- und Prestigeverlust und dem Gefühl, das Leben nicht mehr im Griff zu haben."[198]

Solche Beispiele von Schilderungen ließen sich noch beliebig erweitern und sie zeigen klar, womit sich der Akquisiteur auseinandersetzten muß. Diese Angst ergibt sich allein daraus, daß man der festen Überzeugung ist, es müsse sich nun nach dem Wechsel etwas ändern, denn warum wohl sonst wurde man übernommen. In dieser Erwartungshaltung steckt sehr viel Energie und Spannung, die genutzt werden sollte. Nach dem ersten Schock setzt die Auseinandersetzung mit der Situation ein, die zumeist darin resultiert, daß sie anerkannt wird, man bereit zur Veränderung ist. Bewegt sich aber dann gar nichts, kann nach einer Enttäuschung Resignation folgen, was keine konstruktive Grundhaltung mehr bedeutet.

Es muß also darum gehen, neben der Planung operativer, mittelfristiger und langfristiger Ziele auch das Vertauen der neuen Mitarbeiter zu gewinnen, und da lautet der allererste und danach kontinuierliche Rat: Kommunikation.

Der Mitarbeiter muß sich klar werden, womit er es zu tun bekommt, seine Fragen müssen beantwortet werden, diese lauten zumeist:

- Aus welchen Gründen die Akquisition, waren wir nicht erfolgreich?

- Was wird nun werden, was hat man vor?

---

[197] Vgl. absatzwirtschaft, Heft 12/97, S. 58

[198] Vgl. Süddeutsche Zeitung vom 10.10.1998, S. 31 (über Internet kann der Artikel unter http://www.mathematik.uni.marburg.de/~bw/docs/szfusion.htm eingesehen werden).

- Wer wird der neue Chef?
- Wie sieht das Entlohnungssystem in Zukunft aus?
- Wird es Entlassungen geben?
- Was wird aus meiner Person?
- Unter welchen Konditionen arbeite ich zukünftig?
- Muß ich etwas dazulernen und Seminare besuchen?
- Was hat man vor mit uns?

Nach der Übernahmeankündigung sind diese Fragen das erste, was die Belegschaft an den Tag bringt. Die Beantwortung sollte möglichst umfangreich und konsistent ausfallen, hier liegt bereits der Schlüssel zur erfolgreichen Integration, dieser Phase sollte sehr viel Aufmerksamkeit zuteil werden und nicht der Fehler begangen werden, zu schnell auf die Synergieenrealiserung einzugehen, die noch früh genug ansteht.

Aber nicht nur gegenwärtige Fragen, auf die man im besten Fall vorbereitet ist, sollten zur Beantwortung gelangen, sondern auch die, die vielleicht noch nicht gestellt wurden, aber in nächster Zeit anstehen. Dazu gehört die Präsentation eine Strategie: Was will man mit der Akquisition erreichen, wo steht der einzelne, was verlangt man, damit jeder einzelne in der neuen Organisation seine Chance erhält. Vom gegenwärtigen Gefühl der Angst und Verunsicherung muß abgelenkt werden, die Blickrichtung muß über den Tellerrand hinaus gerichtet werden, damit die Kanalisierung der Energien vorwärtsgerichtet ist und den neuen Aufgaben zuteil wird. Ein visionäres Szenario wäre z.B. adäquat, in dem aufgezeigt wird, wo man in 10 Jahren gemeinsam stehen kann, die sozusagen goldene Zukunft läßt die jetzige Situation, die sicherlich mit Entbehrungen und Mehrarbeit zu meistern sein wird, nicht so dramatisch erscheinen.

Die Übernahmemitteilung, die durchaus weit vor der Vertragsunterzeichnung erfolgen kann und besser sollte, ist empfehlenswerterweise im vertrauten Rahmen vorzunehmen, d.h. am besten unterrichtet die bisherige Firmenleitung in sachlicher Art und Weise, was geschehen wird und warum dies intendiert wird. Kurze Zeit danach sollte die neue Firmenleitung durch die alte vorgestellt und eingeführt werden. Dies ist der richtige Moment, über die Pläne zu sprechen und eine Vision zu vermitteln. Eine Aufbereitung der Informationen sollte dem Mitarbeiter über Druckmedien ermöglicht werden, die er zunächst mit nach hause nehmen kann und damit auch in die sehr wichtigen Lage versetzt wird, die Neuigkeit mit der Familie zu besprechen, die natürlich auch involviert ist.

Danach muß der Mitarbeiter in regelmäßigen Abständen, z.B. einmal die Woche, die Möglichkeit der persönlichen Diskussion und Information über den Fortgang der Akquisition/Integration bekommen. Jede außerordentliche Neuinformation muß kommuniziert werden, damit man sich informiert und wichtig genommen fühlt, dazu kann man die heute umfangreich existierenden Medien nutzten, die ohne großen Aufwand Verbreitung erlauben, so beispielsweise Lotus Notes, Intra- oder Internet. Eine gesonderte Projektgruppe „Kommunikation-Information" könnte ratsamerweise gegründet werden, die eine professionelle und schlüssige Information gewährleisten kann. Die Einrichtung eines Fragenforums darüber hinaus, sollte dem Mitarbeiter die jederzeitige Möglichkeit geben, Fragen loszuwerden, deren Beantwortung offiziell erfolgen kann, zum Beispiel in einer Zeitung oder in einem E-Mail-Medium, auf jeden Fall sollten andere Menschen, die vielleicht ähnliche Fragen haben in den Genuß kommen, die Anworten nachzulesen. Dies ist in zweierlei Hinsicht sehr nützlich, denn zum einen weiß man somit, was die Leute bewegt, wo die Ängste, Sorgen und Hoffnungen liegen, diese Erfahrung könnte in das nächste Akquisitionsprojekt einfließen, und andererseits fühlen sich Menschen so nicht allein, wenn sie merken, daß andere dieselben Gedanken haben und ähnlich reagieren, sprich daß man „normal" reagiert.

Diese Phase der Kommunikation und des Umganges mit den Mitarbeitern vor der eigentlichen Akquisition kann als Vorakquisitions- oder Vorintegrationsphase bezeichnet werden und legt den entscheidenden Grundstock für den Erfolg. Die Vertragsunterzeichnung und damit die eigentliche Akquisition ist dann nur noch reine Formsache und bringt keine Überraschung mehr mit sich, wohl aber die Integration selbst. Nun kann sich der aufgestaute Erwartungsdruck abbauen und Energie in den Prozeß abgeben werden. In der Vorintegrationsphase ist es sehr wichtig, ehrlich zu sein. Das, was angekündigt und versprochen wurde, muß realistisch genug gewesen sein, um nun eingehalten werden zu können, selbst wenn negative Auswirkungen damit verbunden sind. In diesem Falle kann sich der Mitarbeiter aber damit auseinandersetzten und seine Konsequenzen daraus ziehen und hat ein realistisches Bild, was ihn nicht zweifeln läßt sowie jeglichem Gerücht vorgreift. Stellt sich aber nach der Akquisition heraus, das gelogen oder vertuscht wurde, wird man immense Schwierigkeiten haben, die verlorene Vertrauensbasis zurückzuerlangen.

Die eigentliche Integration muß im Vorfeld von einigen Überlegungen geprägt sein:

- Soll eine volle oder teilweise Integration angestrebt werden?
- Welche Zielsetzung (Synergien, Markteintritt; Marktmacht ausbauen,...) soll verfolgt werden?
- Welche Probleme sind zu erwarten, wie begegnet man diesen?

Aus diesen und ähnliche Fragen heraus stellt sich der Bedarf eines Integrationsplanes ein. Zunächst sollte man sich darüber klar werden, was man prinzipiell erreichen möchte, dies muß aber bei der Akquisition schon klar sein, denn als man sich für einen Kandidaten entschied, fand dies bereits unter Priorisierungskriterien statt, die die Intention beschrieben.

Ob man eine vollständige oder eher autonome Integration durchführt, hängt wiederum zum einen von der verfolgten Intention ab, zum anderen aber auch vom Verwandtschaftsgrad der beiden Unternehmen. Je fremder man sich ist, d.h. je weniger Gemeinsamkeit des Marktes, der Wertschöpfungskette, der

Branche, usw. es gibt, desto schwieriger dürfte es ausfallen, sich gegenseitig zu verstehen und sinnvoll in die Geschäftsabläufe einzugreifen. In einem Fall gro-ßer Unterschiedlichkeit sollte man die akquirierte Unternehmung möglichst selbständig belassen, lediglich das Berichtssystem angleichen, eventuell zentrale Funktionen überarbeiten oder zusammenlegen und vielleicht Mitarbeiter zum gegenseitigen Know-how-Transfer austauschen. Sollte dennoch eine tiefgreifen-de Integration geplant sein, weil man z.b. den Vorstoß in ein neues Marktseg-ment plant, dann muß die Integrationstätigkeit behutsam vorgenommen werden und darf nur sehr langsam geschehen, da es Zeit bedarf, den neuen Markt oder das neue Segment kennenzulernen mit seinen Gewohnheiten und Eigentümlich-keiten. Hier empfiehlt es sich, die Organisation zunächst wenig bis gar nicht zu verändern und die Strategie mit dem Management zu definieren, für den nor-malen Mitarbeiter ändert sich zunächst nichts, er bekommt kaum mit, daß der Eigentümer wechselte. Aber auch hier muß eine ständige Information, für die man glücklicherweise mehr Zeit aufwenden kann, stattfinden, um die Beleg-schaft vertraut zu machen.

In jedem Fall sollte eine Art Integrationsmanager ernannt werden, also jemand, der für die Integration verantwortlich ist und dafür Befugnisse und Aufgaben erhält. Dadurch vereinfacht sich die Koordination, weil immer einer zentral plant und die Berichterstattung an die strategische Ebene wird auf eine Schnitt-stelle reduziert, was auch einer schnellen Kommunikation zuträglich ist und Flexibilität erlaubt. Dieser Integrationsmanager ernennt allein oder zusammen mit der strategischen Ebene oder deren Ausschüssen ein Integrationsteam, daß aus relevanten, involvierten Bereichen möglichst beider Unternehmen zusam-mengesetzt wird und zahlenmäßig begrenzt ist. Dieses Team hat diverse Aufga-ben, wie:

- Integrationsplan erstellen
- Unternehmenskulturen erkennen und abgleichen
- Zielsetzungen implementieren
- Den reibungslosen Ablauf sicherstellen
- Probleme erkennen und Lösungen einbringen
- Integrationscontrolling betreiben
- Ansprechpartner und Schnittstelle darstellen

Der Tag der Übernahme ist ein besonderer Tag, der, je nachdem wie er began-gen wird, Signalwirkung hat. Dem Mitarbeiter sollte er eher als Feiertag und Neubeginn erscheinen, denn als Abschiedstag. Eine große Feier mit Informati-onsveranstaltungen, Kontaktmöglichkeit mit der Führungsetage, Kennenlernak-tionen und Rahmenprogramm stellt einen geeigneten Rahmen dar. Im normalen Alltag ergeben sich kaum Möglichkeiten, sich einmal persönlich kennenzuler-nen, sein vis-à-vis einmal in ungezwungener Atmosphäre zu erleben.

Generell ist bei einer Akquisition, die die vollständige Integration vorsieht, die schnelle Integration zu wählen, um:

- Zur Verfügung stehende Energie zu nutzten
- der Erwartungshaltung der Mitarbeiter entgegenzukommen
- Kosten niedrig zu halten
- das Tagesgeschäft zu sichern und keine Kunden zu verlieren
- Unsicherheit zu vermeiden und Headhunteraktivitäten entgegenzuwirken
- die Vision zu realisieren
- den Eindruck von Professionalität zu erwecken und planvoll zu wirken
- von der turbulenten Situation abzulenken und statt dessen die Anstrengungen in eine konstruktiv unterstützende Richtung zu bringen.

Es gibt, wie wir gesehen haben, in der Literatur deutliche Anhaltspunkte, daß eine schnelle Ausführung mit Erfolg korreliert.

Gleichzeitig muß aber darauf geachtet werden, daß die alte Organisation nicht einfach überrollt wird und sich der „Stärkere" den „Schwächeren" einverleibt. Respekt sollte der vorhergehenden Organisation schon gezollt werden, dies indem man Verfahrensweisen, die sich als praktikabel herausgestellt haben, übernimmt und die Belegschaft involviert, wo es eben geht (Projektgruppen bestehend aus Mitarbeitern beider Organisationen). Nur wer sich ernst genommen fühlt, kann aktiv tätig werden, reaktives Verhalten ist in der gegebenen Situation nicht anzustreben, denn wer sich selbst mitbewegt, läßt sich leichter in eine neue Situation manövrieren.

Eine sehr große Akquisition unterliegt eigenen Maßnahmen und verlangt nach einer erweiterten Organisation.

Nicht nur bei großen Akquisitionen sondern auch bei internationalen Firmenkäufen hat man das Problem, welches man erkennen muß, daß eine einheitliche Integration nicht möglich ist, weil:

- die Gesetzteslage divergiert und andere Möglichkeiten zuläßt, bzw. untersagt
- die Kulturen und regionalen die Unterschiede unvereinbar sind
- der Koordinierungsaufwand über lange Strecken zu groß wäre
- die Ausdehnung der Maßnahmen zu weit ist, um alles unter einem Dach zu halten

In diesem Zusammenhang ist es ratsam, die Integration, schon aufgrund der strategischen Bedeutung eines solchen Großprojektes, der Oberleitung des Top-Management, dem Vorstand oder einem vergleichbaren Organ, aufzuhängen und nach unten zu delegieren, so daß der nächste Verantwortliche ein Regionalsprecher ist, der seinerseits seine Untergebenen anspricht, die in ihren Ländern, die dortigen Eigenheiten kennen und daher die richtigen Funktionsträger für die Integrationsverantwortung sind.

Für übergreifende, aber dennoch zu lösende Aufgaben- und Problemstellungen, die aufgrund ihrer Komplexität eine dezidierte Bearbeitung verlangen, ist es als sinnvoll anzusehen, Task-Forces zu gründen, die temporär dem Integrationsteam zugeordnet werden und aus sachkundigen Spezialisten bestehen. Relevante Problemstellungen wären zum Beispiel die Ausarbeitung einer neuen Organisation in einem Bereich (Vertrieb, Beschaffung) oder die Angleichung von Systemen (EDV, Lohn- und Gehalt).

In jedem Fall muß das Integrationsteam in Abstimmung mit dem strategischen Management einen Integrationsplan entwickeln, dieses selbstverständlich anmutende Instrument wird aber in der Tat von den wenigsten Unternehmen momentan genutzt. Ein Integrationsplan ist aber unerläßlich, denn er:

1) legt die eigentliche Intention fest, mit der man sich, wenn schon nicht an anderer Stelle, wenigstens dann auseinandersetzt.

2) definiert die Aufgaben der Integrationsteammitglieder

3) beinhaltet Meilensteine, die als Wegmarken fungieren, welche es erlauben, während des Prozesses zu kontrollieren, inwieweit man die bisherigen Ziele erreicht hat. Gegenmaßnahmen können verständlicherweise nur dann eingeleitet werden, wenn einem bewußt ist, daß etwas verkehrt läuft.

4) legt Schwellenwerte fest, die als strategischer Radar funktionieren, d.h. Fehlentwicklungen können im Ansatz erkannt werden und Gegenmaßnahmen können integriert werden, bevor größerer oder irreparabler Schaden entsteht.

5) dient als Kontrollbasis, inwieweit die Akquisition und die Integration als erfolgreich bezeichnet werden kann. Plan-Ist und Soll-Ist Vergleiche werden so überhaupt erst möglich, denn sie bedürfen einer Grundlage.

6) sorgt generell dafür, daß der Integration Aufmerksamkeit geschenkt wird und sie sich nicht selbst überlassen ist.

Die Ansprüche an diesen Integrationsplan dürfen aber nicht dahin gehen, jede Kleinigkeit zu planen und alles dezidiert zu betrachten. Zunächst handelt es sich bei einer Integration, gerade bei großen Projekten, um eine extrem komplexe und vielschichtige Arbeit, die gar nicht in allen Einzelheiten absehbar ist, denn es kommt immer zu unerwarteten exogenen oder endogenen Einflüssen, mit denen man nicht rechnete oder nicht rechnen konnte. Zudem sollte man sich darüber bewußt sein, welche Wirkung damit erzielt wird, zu genau und detailverliebt zu planen, denn dabei entsteht bei der gesamten Belegschaft der vernichtende Eindruck, man wolle sie beherrschen, unmündig machen, unterdrücken, bevormunden und unterwerfen. Flexibilität muß daher gewahrt bleiben, nicht zuletzt auch deswegen, weil man somit auf plötzliche Ereignisse reagieren kann, was man unbestreitbar auch muß.

Neben diesen internen Interessen muß während einer Integration der Blick auch auf den Markt gerichtet werden, der Gefahren für den Integrationserfolg bereithält.

Zumeist ist leider festzustellen, daß die Konkurrenz alles andere als ruhig und unbeteiligt bleibt, denn durch die Verstärkung des eigenen Geschäftes fürchtet man auf der anderen Seite die neu entstandene und schwer einzuschätzende Marktmacht, gegen die man, teils sogar solidarisch anzukämpfen sucht. In dieser ungewissen Situation versucht man Kunden abzuwerben, die sich oftmals, auch wenn sie zuvor sehr loyal gewesen sind, überreden lassen, weil sie fürchten, Servicequalität zu verlieren, einer Anonymität gegenüberzutreten, die sie vor dem Zusammenschluß nicht kannten als die Organisation noch weniger umfangreich war und nicht wissen, was sie nun erwartet. Doch wenn die Konkurrenz in der Lage ist, Versprechungen zu machen, die die Kunden anlockt, dann kann die eigene Unternehmung dies auch. Zudem kennt man seine Kunden doch in der Regel so gut, daß man weiß, worauf diese Wert legen und dies wiederum sollte einen doch befähigen, sich gegen die Konkurrenz durchzusetzen.

Weiterhin muß damit gerechnet werden, daß der Gang zu den Behörden ansteht, die in der Regel darauf abzielen, die Akquisition zu verhindern, weil ein marktbeherrschender Einfluß entstehen könnte. Hier kommt es rein auf die Definition des Marktes an, den man selbst möglicherweise anders versteht als die europäische Kommission oder das zuständige Kartellamt[199]. Man muß sogar damit rechnen, daß die Behörden in Ermangelung an Sachverstand die Konkurrenz selbst fragen, wie sie den Markt im akquisitionsrelevanten Bereich sehen. Diese Meinung steht dann gegen die der akquisitionswilligen Firma, die gute Argumente braucht, um die eigene Ansicht durchzubringen. Als Tip kann man nennen, einige Subbereiche auszugrenzen und getrennt an jemanden anders zu veräußern, um den Markteinfluß zu minimieren. Als Beispiel hierfür sei hypothetisch folgendes genannt:

Der Autohersteller Volkswagen (VW) möchte Ford aufkaufen, würde damit aber laut der Konkurrenz und den Behörden eine marktbeherrschende Stellung erreichen, was den Bereich PKW angeht (bis 7,5 t zulässiges Gesamtgewicht). Um wieder unter die Marke des kritischen Marktanteils zu gelangen, würde man die Transportersparte (z.B. den Transit) von Fort nicht übernehmen sondern statt dessen einer anderen Firma überlassen, so zum Beispiel an Opel verkaufen, die ja unlängst in die Tranporterbranche eingestiegen sind mit ihrem neuen Opel Arena®.

---

[199] Für Europa gilt der Maastricht Vertrag mit dem § 85 und 86 mit der zugehörigen Verordnung „Fusionskontrollverordnung" und für Deutschland gilt das Kartellgesetz und die entsprechenden europäischen Verordnungen und Richtlinien.

Man reduzierte damit seinen Marktanteil im gegenständlichen Bereich und stärkte einen Konkurrenten, was die Hohe Behörde im Regelfall dazu bewegen würde, dem Vorhaben zuzustimmen.

Wie wir gesehen haben, geht es teilweise sogar soweit, das „wissenschaftliche Arbeiten" in Auftrag gegeben werden, die die Unforteilhaftigkeit der Akquisition für den Markt zeigen soll.

Man wird also im ein oder anderen Fall die Konkurrenz, die man gut zu kennen glaubte, kaum wiedererkennen und sich sehr wundern.

Auch hier ist die einzige Gegenwehr eine offene, ehrliche und aggressive Informationspolitik und der ein oder andere kleine Kniff.

Um die Motivation der Mitarbeiter weiterhin zu stärken und wesentliche Kunden zu halten, sollten vor jeder Integration Schlüsselpersonen festgelegt werden, die wichtige Kunden und Kundenstämme betreuen und in langjährigen Beziehungen zu den Kunden stehen, die dadurch Loyalität und Vertrauen aufbringen oder die eine besondere Bedeutung in der Abteilung haben, weil ihr Verhalten Signalfunktion auf die anderen Mitarbeiter dort haben. Ebenso kann eine Schlüsselperson aber über besonders Know-how verfügen oder für die Integration besondere Fähigkeiten.

Solche Schlüsselpersonen werden bestimmt auch von der Konkurrenz erkannt, die kaum etwas unversucht lassen wird, diese abzuwerben, was regelmäßig durch den massiven Einsatz von Headhuntern geschieht. Die Konkurrenz möchte sich damit einerseits Potentiale sichern und Neukunden zu sich herüberziehen sowie andererseits die Akquisitionspartner schwächen.

Schlüsselpersonen können demnach überall in der Organisation gefunden werden, sind unterschiedlichsten Alters und unterliegen keinem definierbaren Muster.

Das Halten einer solchen Person funktioniert über Incentives, d.h. über Anreize, die verschiedenster Art sein können und in den seltensten Fällen über eine Geldzahlung ihr Ziel erreichen. Besser erscheint da eine besondere berufliche Tätigkeit oder ein hierarchisches Aufsteigen in der Organisation sowie öffentliche Anerkennung (Urkunde, Ehrung, etc.). Diese Formen genießen den außerordentlichen Vorteil, längerfristig zu sein, denn sie werden ja erst in der Zukunft fällig. Die Aussicht ist es, die den Mitarbeiter zu halten vermag, geht er früher, kommt er nicht in den Genuß der Realisierung und vorher unterstützt er den Integrationfortgang.

Solche punktuellen Incentives sollten noch erweitert werden um solidarische Anreize. Ein Wettbewerb könnte beispielsweise die Abteilung prämieren, die in festgelegten Kategorien beste Werte erzielt hat. Kategorien könnten, exemplarische genannt, sein:

- Höchste Umsatzsteigerung
- Beste Kundenzufriedenheit

- Bestes Betriebsklima mit der neuen Organisation

- Kleinsten Umsatzeinbruch/Kundenwegfall

Diese Ausschreibung fördert neben der Gruppendynamik auch das Engagement jedes einzelnen und kanalisiert die Anstrengungen in die richtige Richtung. Eine Prioritätenliste am Anfang der Integration sollte wie folgt aussehen und die Reihenfolge strikt befolgen:

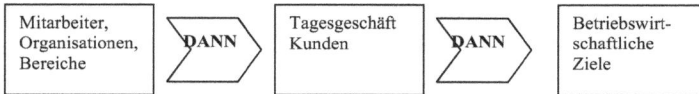

| Mitarbeiter, Organisationen, Bereiche | DANN | Tagesgeschäft Kunden | DANN | Betriebswirt- schaftliche Ziele |

Abb. 15 Integrationspriorisierung nach Wichtigkeit für den Integrationserfolg

Bevor man sich der betriebswirtschaftlichen Zahlen widmen kann, müssen zunächst einmal die Grundvorraussetzungen erfüllt werden, andernfalls macht man den zweiten Schritt vor dem ersten. Viele Unternehmen planen ihren Ziel-ROI oder Ziel-Cash-Flow und andere betriebswirtschaftliche Zielwerte tatsächlich mit der Intention, diese sofort umsetzten zu wollen, um schnell Erfolge vorweisen zu können, oder weil sie glauben, daß es nicht anderes zu verfolgen gibt.

Das Wichtigste ist aber zunächst die Schaffung einer adäquaten Basis, die darin besteht, Mitarbeiter anzunähern, Organisationen aufeinander abzustimmen und mit der dann gefundenen Einheit das Tagesgeschäft zu sichern und den Kunden gegenüber vertrauenswürdig zu erscheinen, um diese zu überzeugen, auch nach der Umstrukturierung in angemessener und idealerweise verbesserten Art und Weise den Bedürfnissen nachzukommen.

Bei aller Planung muß sich die integrierende Unternehmung eine Dead-Line setzten, d.h. wenn die Planung einmal abgeschlossen ist, dann muß mit der konsequenten Umsetzung begonnen werden. Die einmal eingeschlagene Richtung muß beibehalten werden, dauernde Nachbetrachtung und Zielneudefinition kostet zuviel Zeit und verbreitet Unsicherheit. Nur auf unvorhergesehen Ereignisse, die infolge ihrer mögliche Auswirkungen fatal sein könnten, ist flexibel zu reagieren. Aber auch hier nur im Rahmen des absolut Notwendigen.

Zudem ist zu beachten, daß eine vollständige Kontrolle des Prozesses zu jedem Zeitpunkt in keinem Fall zu realisieren ist, eine Teilunsicherheit bleibt infolge der Komplexität, zudem muß man sich Flexibilität bewahren, um auf überraschende Einflüsse reagieren zu können.

Das Integrationsmanagement ist abzuschließen, wenn die Ziele erreicht sind und die Organisation flüssig in ihrem Ablauf ist sowie eine Akzeptanz des Kunden gegeben ist.

Das Integrationsmanagement ist als dynamischer Prozess zu charakterisieren, der Bedarf zu kontinuierlicher Verbesserung ist gegeben, eigene und fremde Erfahrungen sollten die eigene Verfahrensweise ständig bereichern und entwikkeln, denn viele Teilbereiche, wie Psychologie und Betriebswirtschaft, sind involviert und unterliegen innovativen Einflüssen, die zu antizipieren sind.

Vom Integrationsmangement, daß irgendwann zum Abschluß kommt, strahlt eine dauerhafte Wirkung im Unternehmen nach, oder sollte es zumindestens, denn personalpolitische und unternehmenskuturelle Erkenntnisse sollten nicht nur Projektbezogen relevant sein, sondern unternehmensweit greifen.

V. Zusammenfassung und Ausblick

Im Rahmen der vorliegenden Arbeit konnte gezeigt werden, daß die Vorstellung, mit einer Akquisition oder Fusion rasant in neue Märkte vorzudringen einerseits verlockend erscheinen mag, andererseits aber die Problematik der Integration besteht, die keineswegs nur darauf basiert, betriebswirtschaftliche Kennziffern zu planen, umzusetzen und nachzukontrollieren. Vielmehr ist in erheblichen Umfang darauf zu achten, zunächst Systeme, Menschen und Kulturen einander anzunähern und zu verschmelzen, weil hierin begründet die Energie und das Engagement verborgen liegt, am Markt gegen Konkurrenten und deren Anfeindungen bestehen zu können. Erst wenn diese Voraussetzung geschaffen ist, kann nachfolgend daran gegangen werden, weitere Ziele und die Synergien zu realisieren.

Als wesentliches Basisinstrument zur Implementierung der Integration stellt sich das Integrationsmanagement dar, daß koordinierend zur Verfügung steht und den bewußten Prozeß der Integration fördert. Dies erweist sich insofern als wesentlich, da zwar die Akquisitions- und Fusionsbestrebungen an Umfang zuzunehmen scheinen, aber der erfolgreiche Abschluß oftmals nicht gegeben ist und sich daraus der Bedarf zu einem optimaleren Vorgehen ergibt. Ein solches Vorgehen läßt sich mitunter bereits in recht perfektionierter Weise nachweisen, wie der Praxisteil der Arbeit belegt, aber der überwiegende Teil der Unternehmen, gerade in Deutschland, unterliegt einem ausgeprägten Nachholbedarf, der nach Ansicht des Autors in den nächsten Jahren realisiert werden muß, um den Anschluß im Bereich der internationalen Unternehmenskooperation nicht zu verlieren. Die Globalisierung, die durch immer schnellere Entwicklung gekennzeichnet ist, fordert die unternehmerische Zusammenarbeit in eindeutiger Weise, da die letzten großen dabei aber unberührten Märkte (wie Fernost) rasant erschlossen werden und diese wirtschaftliche „Kolonialisierung" durch innovative, schnell denkende und schnell handelnde Konzerne bestimmt wird. Wer dort einerseits mithalten möchte und andererseits trotz Größe flexibel und einheitlich erscheinen möchte, der wird um regionale Kooperation und humane Interaktion nicht herum kommen.

Der Autor rechnet in Zukunft mit einer starken Zunahme des Bewußtseinsprozesses im Rahmen eines Integrationsmanagements, daß aktuell noch recht jung ist, da es kostenintensive Akquisitions- und Fusionsprozesse effizienter gestaltet und mit seinen erzielten Wirkungen nachhaltig ein positives, integratives und kollegiales Unternehmensklima beeinflußt.

Ähnlich wie in den meisten anderen Bereichen ist auch das Integrationsmanagement nur dann wirklich nützlich, wenn es konsequent weiterentwickelt wird, wenn gemachte Erfahrungen antizipiert werden und Innovationen den systematischen Ablauf verbessern, doch dies erst nach erfolgter Einführung eines solchen Managements, einen Schritt, den viele noch vor sich haben und der angesichts der jungen Entwicklung noch nicht zu spät ist.

Im Rahmen einer eingehenderen Untersuchung wäre es sicherlich wünschenswert, diese Arbeit im Bereich der Praxis fortzuführen. Dabei wäre es für die Unternehmen interessant, weitere Firmen in ihrer Integrationspraxis zu untersuchen, um neuere Entwicklungen aufzuzeigen und breitgefächerte Verfahrensinformationen zu bekommen, um somit von anderen zu lernen und mit deren Erfahrung eigene Problem zu überwinden. Die Schaffung einer breiten Basis dieser Art könnte die Möglichkeit bieten, aus einem Lernenden einen Lehrer zu machen, der wiederum mit seinen Innovationen dem Markt Wege und Entwicklungen aufzeigt.

VI. Quellen:

Nachfolgend die vom Autor verwendete Literatur, die sich untergliedert in Buchliteratur/Dissertationen und zitierten Zeitungsveröffentlichungen, die jeweils separat ausgewiesen sind.

Buchliteratur/Dissertationen:

Ansoff, H.I.,   Corporate Strategy, London, 1967.

Ansoff, H, Brandenburg, R., Porter, M., Radosewich, R.,   Acquisition Behaviour of US Manufacturer Firms, Nashville 1971.

Bleicher, K.,   Organisationen: Strategien – Strukturen – Kulturen, 2. Auflage, Wiesbaden, 1991.

Clever, H., Frank, G., Stein, I.,   Fusionen erfolgreicher gestalten mit Post-Merger-Management, in

     (Hrsg) Management von Unternehmensakquisitionen, Stuttgart, 1993, S. 122 – 132.

Ehrenberger, S.,   Synergieorientierte Unternehmens- integration, Diss, an der Universität zu Köln, 1992.

Eschenbach, R.,   Controlling, Stuttgart, 1995

Footie, N., Suttie, R.,   Post-Merger-Management in The McKinsey Quarterly, Herbst 1991, S. 120 – 127

Frank, G.,   Rahmenbedingungen von Unter- nehmensübernahmen in Deutschland, Stuttgart, 1993.

Gerpott, T.,   Integrationsgestaltung und Erfolg von Unternehmensakquisitionen, Stuttgart, 1993.

Grösch, A.,   Mergers & Acquisitions im Mittelstand, Frankfurt a. M., 1991

Gutenberg, E,   Grundlagen der BWL, Band 2, 16. Auflage, Berlin-Heidelberg-New York, 1979.

Hase, S.,   Integration akquirierter Unternehmen, Diss., Frankfurt, 1996

Hätscher, A.,   Unternehmensentwicklung durch strategische Partnerschaften, München, 1992.

Hahn, D.,   Strategische Kontrolle, in: Strategische Unternehmensplanung, 5. Auflage 1990, S. 631 – 664

Haspeslach, P., Jemison, D.,   Acquisitions & Mergers in SMR, Vol. 28, No. 2, 1987, S. 53 – 58

Haspeslach, P.,Jemision, D.,   Managing Acquisitions – Creating Value, New York, 1992

114

Hunt, J., Less, S., Grunbar, J., Vivian, P.,	Acquisitions – The Human Factor, London Business School, London. 1987
Jung, W.,	Praxis des Unternehmenskaufs, 2. Auflage, Stuttgart, 1993
Kinast, G.,	Abwicklung einer Akquisition, in: **Baetge, J.** (Hrsg), Akquisition mit Unternehmensbewertung, Düsseldorf, 1991, S. 31 – 43.
Kitching, J.,	Acquisitions in Europe, Causes of Corporate Success and Failures, Genf, 1974
Kötzle, A.,	Controlling der Unternehmensbereiche, 1. Aufl., Frankfurt a. M., 1995.
Kogeler, R.,	Synergiemanagement im Akquisitions- und Integrationsprozeß von Unternehmen, Diss. an der Philosophisch-Historischen Universität zu Basel, München, 1992.
Kreikebaum, H.,	Strategische Unternehmensplanung, 5. Auflage, Stuttgart, 1993.
Leimer, W.,	Die Integration akquirierter Unternehmen, Diss. an der Hochschule St. Gallen, Bern, Stuttgart, 1991.
Möller, W.-P.,	Der Erfolg von Unternehmenszusammenschlüssen, em- pirische Untersuchungen, Diss., München, 1983
Müller-Stewens, G.,	Organisationspsychologische Aspekte in der Integration von Unternehmensakquisitionen, in **Busse, v. W., Coenenberg, A., (Hrsg),** Unternehmensakquisition und Unternehmensbewertung, Stuttgart, 1992, S. 331 – 341.
Normann, R.,	Das treffende Wort für die Wirtschaft, 1. Auflage, Bonn, 1996.
Nupponen, P.,	Post-Acquisition-Management, Diss. an der Helsinki School of Economics and Business Administration, Helsinki, Finnland, 1995.
Ossadnik, W.,	Die Aufteilung von Synergieeffekten bei Fusionen, Stuttgart, 1995
Ott, J.,	Akquisition und Integration mittelständischer Unternehmen, Diss. der Hochschule St. Gallen, Bamberg, St. Gallen, 1990.
Porter, M.,	Wettbewerbsvorteile: Durch Spitzenleistung erfolgreich behaupten, Frankfurt – New York, 1988.
Reißner, S.,	Synergiemanagement und Akquisitionserfolg, Wiesbaden, 1992.

Rühle, E.,	Koordination, in **Frese, E.**, HWO, 3. Auflage, Stuttgart, 1992, S. 1164 – 1175.
Schaper-Rinkel, W.,	Horizontale Akquisition und strategische Allianzen als alternative Wege des Wachstums, Diss., Wien, 1997.
Albrecht, S.,	Erfolgreiche Zusammenschlußtheorien, Diss. an der Universität Göttingen, Göttingen, 1994
Steinöcker, R.,	Akquisitionscontrolling, Strategische Planung von Firmenübernahmen, 1. Auflage, Berlin, 1993.
Steinmann, H., Schreyögg, G.,	Management, Grundlagen der Unternehmensführung, Wiesbaden, 1990.
Steinmann, H., Schreyögg. G.,	Grundlagen der Unternehmensführung, Wiesbaden, 1990.
Scheitner, D.,	Die Integration akquirierter Unternehmen, Diss., Sankt Gallen, CH, 1980.
Seth, W.,	Sources of Value Creation in Acquisitions, USA, 1990.
Schreyögg, G.,	Organisationskultur, in **Frese, E.**, **(Hrsg)**, 3. Auflage, Stuttgart 1992, S. 1525 – 1537.
Ulrich, P., Fluri, E.,	Management, 5. Auflage, Bern – Stuttgart, 1988.
Ulrich, H.,	Unternehmenspolitik, 2. Auflage, Bern – Stuttgart, 1987.
Vaara, E.,	Mergers and Acquisitions between Finland and Sweden, Diss., Helsinki, Finnland, 1992.

Zeitungen und Magazine

Ashkenas, R.,	Making the Deal: How GE Capital Integrates Acquisitions, in: Harvard Business Manager, Vol. 76, No1.,1998, S. 165 - 178
Fischer, G.,	Investment of no return, in: Managermagazin, Jhg. 20, Nr. 5, 1990, S. 138 – 148.
Freund, W.,	Die Integration übernommener Unternehmen, in: DBW, Jhg. 51, Nr. 4, 1991, S. 491 - 498
Hoffmann, W., Friedlinger, A.,	Akquisition und Integration, in: CONTROLLING, Heft 1, Januar 1998, S. 20 – 28
Kerr, L.,	Achieving World Class Performance Step by Step, in: LRT, Vol. 28, Nr. 1, 1992, S. 46 – 52.
Kobernstein, W.,	und andere, New Energies of Growth, in Pharmaceutical Executive, Vol. 17, No. 5, Mai 1997.
Kobernstein, W.,	Evolution of Value, in Pharmaceutical Executice, Vol. 18, No. 7, 1998, S. 40 - 56

116

Krystek, U.,	Unternehmenskultur und Akquisition, in: Z&B, Jhg. 62, Nr. 5, 1992, S. 536 – 565.
Maier, F.,	Fusionsmanagement, Drum´ prüfe wer sich bindet, in: Industriemagazin, Nr. 6, o. Jg., 1991, S. 66 - 72
Marks, M.,	Merging Human Ressources, in: M&A, Vol 17, No. 2, 1982, S. 38 – 44
Mozeson, M., Gretschko, S.,	Pharmaceutical Executive, Feb. 1998, S. 94 - 101
Nahavandi, A., Malehzadeh, A.,	Acculteration in Mergers and Acquisitions, in: Academy of Management Review, Vol. 13, No. 1, 1988, S. 79 - 90
Porter, M.,	Diversification – Konzerne ohne Konzept, in: Havard Business Manager, Nr.4 1987, S 30 – 49
Priewe, J.,	Die unheimliche Umarmung,, in: Management Wissen, o. Jhg., Nr. 7, 1987.
Rau, J.,	When Consultants and Clients Clash, Case Study in Harvard Business Review, No. 6, 1997.
Rauer, S.,	Der Preis ist heiß, in: Top Business Industriemagazin, o. Jhg., Nr. 12, 1994, S. 106 – 112.
Schäfer, A.,	Risiken und Nebenwirkungen, Management Integration, in: manager magazin, Jhg. 28, Nr. 6, 1998
Schwartz, H.,	Merger Maythem, in Pharmaceutical Executive, Vol. 18, No. 5, Mai 1998.
Wächter, H.,	Personalwirtschaftliche Voraussetzungen und Folgen von Unternehmensakquisitionen, in: BF&P, Jhg.42, Nr. 2, 1990, S. 114 - 128
Wienand,A.,	Das Fusionsfieber wird noch lange kein Ende finden, in Blick durch die Wirtschaft vom 31.07.98.
absatzwirtschaft,	Schmelzprozeß – internes Marketing, Nr. 12, Dezember 1997
Basler Zeitung vom:	12. April 1998/Nr. 85
	15. April 1998/Nr. 87
	23. Mai 1998/Nr. 118
	18. Juni 1998/Nr. 139
	25. September 1998/Nr. 223
Daimler-Benz / Chrysler Corporation Press Release,	Pressemitteilung zur Vereinbarung über den Merger vom 07. Mai 1998, Daimler-Benz AG, 70546 Stuttgart und Chrysler Corporation, 1000 Chrysler Drive, Auburn Hills MI 48326-2766, USA

Havard Business Review,   The Work starts well before the Ink is dry, o. Autor, Vol. 76, No. 1, Jan./Feb. 1998

PricewaterhouseCoopers: Ihr Partner für eine neue Welt, Juli 1998

manager magazin,   div. Autoren, Reiche Schlucker, 28. Jhg., Nr. 6, Juni 1998

Swiss Merger Update   Facts and News für Mitarbeiter:

Nr. 1/6. März 1998

Nr. 2/8. April 1998

Nr. 3/18. Mai 1998

Nr. 5/1. Juli 1998

Süddeutsche Zeitung vom   10.10.1996, Angst, bei der Elefantenhochzeit zertreten zu werden, ohne Autor, S. 31.

Wirtschaftswoche   Kneifende Zwangsjacke, Wettbewerbsfähigkeit Deutschlands im internationalen Vergleich, Nr. 25, Juni 1998.